Andreas Keller

Ich bin Joseph ~ Lebt mein Vater noch?

Zum Miteinander der Generationen

Andreas Keller

Ich bin Joseph –
Lebt mein Vater noch?

Zum Miteinander der Generationen

Schleife Verlag, CH-Winterthur

© 2006 Andreas Keller

1. Auflage November 2006

© Schleife Verlag AG, Pflanzschulstrasse 17
Postfach 85, CH-8411 Winterthur, Schweiz
Tel. +41 (0)52 232 24 24, Fax +41 (0)52 233 60 82
verlag@schleife.ch, www.schleife.ch

ISBN 3-907827-51-1

Die Bibelzitate sind der Zürcher Bibel (1955) entnommen.

Lektorat: Michael Herwig, Judith Petri, Ulrike Propach
Umschlaggestaltung: Corporate Communications & Design, GB-Colchester
Satz und Druck: Schönbach-Druck, D-Erzhausen

Widmung

Für meinen Vater

und

für alle Väter, an deren «Hüften» ich wie Joseph
meine Hände legen durfte;

für alle Söhne und Töchter,
die sich nach echter Vater- und Mutterschaft sehnen.

Auf dass wir zusammen die Verheissung
ererben werden!

Inhaltsverzeichnis

Kapitel 5 – Gemeinsam in Ägypten dienen

Kapitel 6 – Wie Väter ihre höchste Bestimmung erreichen

Epilog

Anhang

Vorwort

Wie oft schon hörte ich den gut gemeinten Satz: Du kannst stolz sein auf deinen Sohn. Und wieder klingt dieser Satz in meinen Ohren, wenn ich das Vorwort zu seinem ersten Buch schreibe. Doch das Wort «Stolz» trifft nicht wirklich, was ich in meinem Herzen empfinde. Es ist vielmehr das, was die Bibel mit Wohlgefallen, einer inneren Freude, beschreibt.

Zu sehen, wie Söhne oder Töchter die innere Welt ihrer Väter oder Mütter in sich aufgenommen, verstanden und es zu ihrem eigenen Erbe gemacht haben, das ist Freude. Es war da mal ein Wort, dort eine Geschichte, vielleicht ein Lied, ein gemeinsames Erlebnis, oft unbewusst hineingesät in ein Kinderherz, und am Ende stehst du als Vater vor einem Bild, in dem du dich selbst wiedererkennst. Das *ist* Freude! Und es ist noch mehr Freude, zu realisieren, dass ja ein Sohn auf den Schultern seines Vaters steht und darum in manchen Dingen weiter und tiefer sieht, als der Vater sehen kann.

Das vor allem ist es, was mich an diesem Buch

bewegt. Geschickt werden hier persönliche Erfahrungen und die Vätergeschichte von Joseph zu starken prophetischen Bildern ineinander verwoben. Die Auslegung der alttestamentlichen Geschichte selbst lotet Tiefen aus, die mir bis jetzt verschlossen waren. Da ist einmal das Miteinander der Generationen. Teilaspekte, wie die notwendige Versöhnung, die Suche nach Identität oder der sogenannte Generationen-Transfer, werden hier in ihren grossen heilsgeschichtlichen Zusammenhang gestellt. Was sich hinter dem Begriff «Gott Abrahams, Isaaks und Jakobs» verbirgt, reicht letztlich hinein in das tiefste aller Geheimnisse: die Dreieinigkeit Gottes.

Das Buch ist voll von überraschenden Einsichten und gewachsener Weisheit. Man ist erinnert an das Wort Jesu gegenüber seinen kritischen Zeitgenossen: *«Und die Weisheit ist von allen ihren Kindern gerechtfertigt worden.»* (Lukas 7,35) Doch mehr noch als alle Reife des Erkennens berührt mich der Sound des Herzens, der sich von der ersten bis zur letzten Seite durchzieht. Es ist der Sound einer Sohnschaft, wie sie nur vom Geist gezeugt werden kann, und die deshalb wie heilendes Öl hineinfliesst in die Generationen. In Anbetung stehe ich vor den Wegen, die ein erbarmender Gott uns führt. Anlässlich eines Familiengottesdienstes an einem Schweizer See taufte ich ein Kindlein im knietiefen Wasser. Aus irgendwelchen «liturgischen» Hemmungen stieg ich mit meinen Socken ins Nass, um dann die entsetzte Stimme des vierjährigen Andreas hinter mir zu hören: «Vater, spinnst du! Mit den Socken ins Wasser!» Und heute greift derselbe Sohn in einer solchen Behutsamkeit und Liebe nach meinen Hüften und Wunden, stellvertretend für meine Generation, die diesen Trost und diese Ermutigung so dringend braucht.

Über Jahrzehnte habe ich all meine Predigten mit dem paulinischen Satz begonnen: «Wir predigen Christus, den Gekreuzigten.» Wie ein Echo darauf nimmt sich der innige Epilog dieses Buches aus mit der Überschrift «Wenn das Kreuz dich findet». Im Kreuz allein kommen die Generationen zusammen; durch das Kreuz geschieht Versöhnung und Heilung und werden göttliche Zuordnungen geschaffen.

Mein Segenswunsch ist es, dass über diesem Buch das Kreuz hell und unvergesslich aufstrahle!

Geri Keller

Einführung

Ich schreibe dieses Buch aus persönlicher Betroffenheit. Ich bin ein Sohn bekannter Eltern, der über die Jahre seinen eigenen Weg zu gehen versuchte. In den Herzen der meisten jungen Menschen besteht der Hang, sich vom Elternhaus unabhängig zu machen. Müssen wir doch alle unsere Eltern verlassen, um unsere eigene Identität zu finden.

Gleichzeitig stelle ich fest, dass in unzähligen Müttern und Vätern eine grosse Sehnsucht schlummert, ihre Kinder trotz allem Loslassen und dem Zugeständnis ihrer eigenen Wege nahe an ihrem Herzen zu haben – ja, vielleicht nochmals ein Stück Weg zusammen mit der jungen Generation zu gehen. Wenn das scheinbar Unmögliche möglich wird, ist das für viele Eltern ein Geschenk des Himmels.

Oft habe ich mich gefragt, warum verletzte junge Soldaten mitten im Gefecht nach ihren Müttern schreien. Immer mehr begegnen mir solche angeschossenen jungen Menschen, aber auch reife, selbstständige Män-

ner und Frauen, die ihrerseits wieder nach Eltern suchen, die sie in den Kämpfen ihres Lebens ein Stück
weit begleiten.

Diese Dynamik hat ihren Grund. Der letzte Satz im
Alten Testament beschreibt eine grossartige Vision. Es
kommt eine Zeit, sagt der Prophet, wo Gott selber das
Herz der Väter zu den Söhnen und das Herz der Söhne
zu den Vätern wenden wird, damit das Land nicht mit
einem Fluch belegt werden muss (Maleachi 4, 6). Ich
bin kein Freund von seelischen Hochzeiten und auch
nicht von Zweckehen. Umso dankbarer bin ich, dass
nach dem obigen Bibelwort Gott selber die Schalter an
den Herzen der Generationen umlegt, um seinen Herzenswunsch Wirklichkeit werden zu lassen.

Als ich nach über acht Jahren des Aufenthalts im
Ausland zusammen mit meiner Frau wieder in die
Schweiz kam, um den Dienst meiner Eltern zu unter-
stützen, schrieb mir mein Vater auf meinem darauf folgenden Geburtstag folgende Zeilen: *«Für mich ist es
ein Gnadengeschenk, dass wir zeichenhaft die Verheissung von Maleachi über die Versöhnung der Generationen leben können.»*

Dies kann ich auch mit meinem Leben bezeugen.
Obwohl ich das weder geplant noch gesucht habe, hat
Gott schon in früher Kindheit begonnen, mit meinem

Leben eine Story zu schreiben, die erzählt, wie es aussehen könnte, wenn Generationen anfangen ihre Herzen füreinander zu öffnen und gemeinsam an einem Strang zu ziehen. In diesem Miteinander liegt eine enorme Kraft und ein Segen, der schon viele Flüche der Spaltung und Isolation gebrochen und manchen Menschen zum Segen geworden ist. Die erste bewusste Entscheidung meinerseits, an der *Seite* meines Vaters zu stehen, kam in einem Gottesdienst in der lutherischen Lukaskirche in Frankfurt am Main, in der mein Vater eine Pfarrstelle innehatte. Ich war damals gerade mal sechs oder sieben Jahre alt. Aus irgendeinem Grund unterbrach Vater den geordneten Gottesdienstablauf, schaute zu uns Kindern auf der Sonntagsschulbank hinüber und sagte: «Wer von euch möchte an den Altar kommen, um dort mit mir zu beten?» Peinliches, unbehagliches Schweigen. Ich merkte plötzlich, wie meine Hand langsam nach oben ging. «Also, dann komm!» Vaters warme Augen ruhten auf mir. Ich stand auf, und zusammen schritten wir den langen Chor hinab auf den Altar zu, der vor einem zehn Meter hohen Kreuz stand.

Meine Augen reichten gerade mal knapp bis zur oberen Kante des Altars, und ich musste meine Arme strecken, damit ich meine gefalteten Hände auf den

weissen Tischtüchern platzieren konnte. An das Gebet
von Vater kann ich mich nicht erinnern – doch ich
weiss, dass in diesem Augenblick ein Samen in mein
Herz fiel, der zeitlebens nie mehr aus meinem Leben
gewichen ist und durch Gottes Gnade zu einem eigen-
ständigen Baum herangewachsen ist.

Darum ist in mir der Wunsch gewachsen, Teile
meines Weges sowie die dazugehörigen Prozesse all
jenen zu vermitteln, die ebenfalls das Verlangen haben,
diesem wunderbaren Geheimnis der Zuwendung der
Herzen tiefer nachzuspüren.

Aus der Vater-Sohn-Biografie des Patriarchen
Jakob und seines Sohnes *Joseph,** zu lesen in 1. Mose
32-50, werde ich skizzenhaft Stationen aus ihrem Leben beschreiben, in denen sich viele von uns, egal ob
Alt oder Jung, Mutter oder Vater, Tochter oder Sohn, wieder finden werden. Für alle diejenigen Leserinnen und
Leser, denen die Geschichte nicht (mehr) geläufig ist,
sei es freigestellt, Auszüge davon im Anhang nachzu-
lesen. Eingewoben im Buch sind Teile meiner eigenen
Geschichte über die Macht der Vergebung, das Finden
des Vaterherzens, die Prinzipien des Generationen-
transfers und den Segen des gemeinsamen Dienens –

---

* Schreibweise nach der Zürcher Bibel

Dinge, die alle aus dem gemeinschaftlichen Gehen mit meinen Eltern und anderen geistlichen Vätern in meinem Leben gewachsen sind.

Wenn die Bibel über Väter schreibt, bezieht sie sich nicht auf ein spezifisches Alter, sondern auf gewisse durchlaufene **Prozesse** in ihrem Leben. Rein biologisch gesehen sind Väter in der Bibel oftmals Begründer von Volksgruppen und Stämmen, in dem Sinne also eher Grossväter und Urgrossväter. Deren Söhne sind wiederum Väter ganzer Sippen und Familien. Im vorliegenden Buch benutze ich das Wort **Vater** zum einen in Bezug auf meinen leiblichen Vater sowie zum anderen auf den Stand eines Mannes, der sich gewissen Verläufen der Multiplikation **und** dem Zerbrechen der eigenen Kraft hingegeben hat. Als **Söhne** bezeichne ich Menschen, die sich, obwohl sie teils schon Väter von leiblichen und geistlichen Kindern sind, in einem heranwachsenden Reifestadium befinden und bewusst ihr Leben für Weisung und den Input eines Vaters oder einer Mutter im Glauben zugänglich gemacht haben. Selbstverständlich gilt das Gleiche für Mütter und Töchter, und wenn möglich habe ich die Begriffe parallel eingesetzt.

Doch letztendlich ist das höchste Ziel nicht, ob und wie wir als Generationen zusammen wirken können, sondern ob ein jeder und eine jede den Zugang zum Herzen des himmlischen Vaters gefunden hat und darin zur Ruhe gekommen ist.

«Meine Brust ist überall zu finden», meine ich erst kürzlich von Gott gehört zu haben.

Nun denn, lasst sie uns in den Seiten dieses Buches suchen.

Andreas Keller
Winterthur, im Herbst 2006

Prolog

Stromschläge im Empfangsraum

Voller Elan stieg ich die Treppen hoch, stiess die Eingangstür zur Schleife auf und steuerte zielstrebig auf den Bürotrakt zu. Aus meinen Augenwinkeln sah ich eine Gestalt. Leicht vornübergebeugt stand sie da, wartend, mit dem Rücken zur Wand und die Hände über einem Stab gefaltet. Weisse Haare, langer Bart, penetrante, klare Augen, eine zerbrochene Person, aber nicht gebrechlich − sofort wusste ich: Das ist *Jakob* (der dritte Patriarch im Alten Testament)! Etwas hielt mich davon zurück, die Klinke zur Tür ins «Reich der Arbeit» in die Hand zu nehmen. Stattdessen vernahm ich eine klare Stimme: *«Geh zurück und lege ihm die Hände auf!»* Ich sollte was? Zögernd machte ich auf dem Absatz kehrt und setzte mich Richtung Jakob in Bewegung. Ich war nicht mehr alleine; plötzlich war ich von jungen Menschen umgeben, die denselben Ruf vernommen hatten. Da stand ich nun vor ihm. Ich blickte in Augen, in denen sich die tiefsten Brunnen der Welt zu verlieren schienen. Und doch lag ein Hauch von Traurigkeit in ihnen. Traurig worüber? – durchzog mich ein flüchtiger Gedanke. Meine Hände fanden den Weg an seine Hüften, berührten sie. Plötzlich, völlig unerwartet, durchfuhr mich eine Kraft vom Himmel wie ein Stromschlag. Jede Zelle meines Körpers schien zu explodieren, alles war von dieser Kraft durchdrungen. Meine Stimme erhob sich zu einem lauten, lang anhaltenden Schrei, wie ich mich selber noch nie hatte schreien hören. Oh, was nicht alles in diesem Schrei enthalten war … er schien endlos. Ich erwachte – es war ein *Traum*! –, und doch war alles so real, dass mein zitternder Körper im Bett noch immer wie an einer Steckdose hing – die durchdringenden blauen Augen des Jakob in meiner Gedankenwelt für immer eingegraben. *Wem* bin ich in diesem Traum wirklich begegnet? Und was hatte es mit *dieser* Kraft auf sich?

KAPITEL 1

Familienwunden

Ein Telefonat mit Konsequenzen

«Vater, ich habe einen Traum gehabt.» Nachdem ich viel über dieses nächtliche Erlebnis nachgedacht hatte und immer noch einige Fragezeichen diesbezüglich im Kopf hatte, griff ich endlich zum Telefon, um meinen Vater über diesen Traum zu befragen. Unsere transatlantische Telefonbeziehung klappte gut – ich war schon im siebten Jahr im Ausland, hatte mein Studium abgeschlossen und eine leitende Stellung als Pastor, Lehrer und Konferenzmanager inne. Ich stand kurz vor der Verlobung mit meiner zukünftigen Frau aus den USA und unsere Zukunft schien mehr als rosig auszusehen.

«Ich bin einem *Jakob* in der Schleife begegnet. Er schien da zu warten, und ich musste zu ihm gehen und ihm die Hände auflegen», erzählte ich meinem Vater. «Als ich ihn berührte und für ihn betete, da kam so eine Kraft, ich konnte es fast nicht mehr aushalten.» Am anderen Ende der Leitung blieb es für einen Moment still. Dann kam die ruhige Antwort durch den Hörer: *«Dieser Jakob, dem du begegnet bist, bin ich!»* Über den Rest des Gespräches ist mir kein einziges Wort in Erinnerung geblieben. Der eine Satz meines Vaters liess meine Gedanken nicht mehr los. Wenn dem so wäre, dachte ich, sind meine Tage hier gezählt und der Wille Gottes für die Zukunft ist klar. Sollte mein über Jahre andauernder «Schwanenflug» über die verschiedenen Länder, Kirchen und Strömungen im Reich Gottes hiermit endlich zum Sinkflug ansetzen?

Hinkende Väter

In meinem Traum stützte sich Vater Jakob auf einen Stab. Er schien gebückt und hatte offensichtlich Gehbeschwerden. Die Bibel erzählt die Geschichte, wie Jakob von einem spritzigen Macher zu einem hinkenden Vater wurde. Es war in jener Nacht an der Furt des *Jabbok*,

als er sich mit dem Engel Gottes einen Ringkampf lieferte und ihm der Engel auf die Hüfte schlug und sie
dabei ausrenkte (1. Mose 32, 23-33). Hinkend, für immer
gezeichnet und mit einem neuen Namen lief er im Licht
der aufgehenden Sonne seinem Bruder Esau entgegen,
den er Jahre zuvor mit eiskalter Hinterlist um sein Erstgeburtsrecht gebracht hatte.

Hinkende Väter und Mütter haben etwas Faszinie-
rendes an sich. Sie sind frei von Selbstmitleid und An-
erkennungssucht, denn ihr Hinken wurde durch Gott
und nicht durch Menschen verursacht. Es ist ein Hinken voller Würde, gezeugt durch ein Ringen mit ihrem
Gott. Ohne Zuschauer. Ohne die Unterstützung oder
gar den Beifall der Freunde. Hinkende Väter und Mütter
nennen solche Begegnungen *Pniel*, übersetzt «Im Angesicht Gottes». Sie haben Gott geschaut und sind am
Leben geblieben. Punkt. Die wenigsten sprechen darüber, was wirklich zwischen Gott und ihnen abgegangen
ist; sie brauchen es auch nicht, denn der Ausdruck in
ihren Augen und ihr Umgang mit den Nächsten sprechen für sich.

Eine solch persönliche Gottesbegegnung ist in
sich ein Schatz, auf dem die Gesellschaft nicht
«herumkauen» darf. Wohl auch darum wurde von nun
an der Muskelstrang über dem Hüftgelenk per An-

ordnung geflissentlich aus dem Speiseplan gelassen (s. 1. Mose 32, 32). Symbole sagen mehr aus als Worte!

Warum fängt die Segensgeschichte von Jakob mit diesem Hinken an? Offensichtlich besteht ein Zusammenhang zwischen «Vielen zum Segen werden» und «Hinkend durchs Leben gehen». Im Neuen Testament finden wir ein ähnliches Beispiel im Leben des Paulus.

Man mag sich fragen, was der junge Timotheus an Paulus so grossartig fand, dass er bereit war, sich an die «Hüften» dieses herumziehenden Wanderpredigers zu hängen. Zum einen konnte sich Timotheus nicht von der grossartigen Schreibkunst seines Lehrers überzeugen, weil die meisten Briefe noch nicht geschrieben worden waren. Zum anderen trugen die Tumulte, die ausbrachen, wo immer Paulus zu einer Predigt antrat, nicht gerade dazu bei, einen einwandfreien Ruf zu behalten. Und wie Paulus später selber einmal sagte, waren auch seine Predigten nicht die allererste Sahne, als dass sie den bestens ausgebildeten jungen Halbgriechen hätten beeindrucken können. Nein, dieser Paulus hatte etwas anderes, was den Jungen faszinierte. Auch Paulus war am Hinken. Auch er trug in seinem Herzen eine Qualität von Vaterschaft, die immer das Beste für den Nächsten sucht. Auch er hatte eine Gottes- bzw. Engelsbegegnung gehabt, über die er später einmal sehr flüchtig schrieb (2. Korinther 12, 4) und über die er keine weiteren Worte mehr verlor. Paulus beeindruckte nicht als scheinender Superapostel, sondern als ein Mann, dessen Schwachheit u. a. auch an seinem Körper für alle sichtbar war. Und dennoch ruhte die Kraft Gottes auf ihm, und Zeichen und Wunder folgten dem Paulus, wohin er auch ging. Verständlich, dass sich Timotheus während seiner Bewährungsprobe als Pastor der Gemeinde in Ephesus nicht nach guten Ratschlägen, sondern nach der *Gegenwart* seines hinkenden Vorbilds sehnte. Und kein Wunder, dass die Liebe dieses Sohnes die unablässige Fürbitte seines geistlichen Vaters freisetzte, der in seiner Gefängniszelle in Rom ebenso nach ihm verlangte.

Was ist also dieses von Gott verursachte Hinken? Mit was lässt es sich vergleichen? Ich denke, es ist wie eine Auszeichnung von Gott, der den Vätern und Müttern damit das Gleiche sagt wie damals dem Apostel Paulus: *«Meine Gnade ist genug für dich, denn die Kraft erreicht ihre Vollendung in Schwachheit.»* (2. Korinther 12, 9) Das Ego ist nicht mehr gefragt. Es wurde gegen eine Kraft vom Himmel eingetauscht, die in der Schwachheit mächtig ist.

Diese Kraft braucht es, um junge Menschen zur Gemeinsamkeit zu inspirieren. Viele Pseudoväter und

-mütter buhlen um die Aufmerksamkeit der jungen Generation. Sie tun dies aus reinem Selbstzweck heraus. Sie werben, um zu nehmen, und nicht, um zu geben. Viele geben ihnen Geld, versorgen sie aber nicht mit dem, was ihre Herzen benötigen. Viele bezahlen für ihre Gaben und Talente, investieren aber nicht in ihre charakterliche Entwicklung. Viele wollen ihre Zeit, damit ihr eigenes Ding vom Boden kommt, vergessen aber, dass sie selbst am Boden liegen. Darum hält eine junge Generation Ausschau nach Vätern und Müttern, die diesen Tausch mit Gott eingegangen sind. Der Titel des Buches *«Ich bin Joseph! Lebt mein Vater noch?»* ist ein ernst zu nehmender Schrei derjenigen, die diesen Pseudopartnerschaften den Rücken gekehrt haben.

Vom Ende eines guten Pfarrers

Ich war schon einige Jahre im Ausland, als mich die Nachricht von einer *speziellen* Botschaft meines Vaters in meiner Studentenbude erreichte. Er habe eine ganz radikale und mutige Predigt gehalten, vernahm ich. Und sie hiess *«Vom Ende eines guten Pfarrers».*

Mein Interesse war geweckt. Allein der Titel schien verheissungsvoll. Das Band wurde mir zugeschickt und ich hörte es mir baldmöglichst an. Obwohl ich meinen Vater schon mein Leben lang kannte, schien mir beim Anhören des Tapes auf dem Kajütenbett ein neues Verständnis für ihn und seine Wege aufzugehen. Von menschlichem Versagen war die Rede, von einem Brief an den Kirchenrat, um aufgrund der zerschlagenen Lebenssituation den Rücktritt aus dem Pfarrdienst bekannt zu geben. Kein Blatt nahm er vor den Mund, erzählte vom Ringen mit Drogensüchtigen und Ex-Knackis sowie seinen sozialen Projekten bis hin zu dem ach so guten und immer abkömmlichen Herrn Pfarrer, dem die Bude von Hilfe suchenden Menschen eingerannt wurde. Alles endete mit einer lebensbedrohlichen Depression und einem Zusammenbruch meiner Mutter sowie dem Bankrott vor Gott und Menschen. Und dann kam plötzlich Gott ins Spiel. Plötzlich wurde der gute Pfarrer zum begnadeten Sünder, der anfing aus der Kraft Gottes zu leben. Das beeindruckte mich, das faszinierte mich. Das Lebenszeugnis meines Vaters sollte ein wichtiger Bahnbrecher für unseren zukünftigen Weg des Miteinanders werden.

Von Umwegen und Abstechern

Mitnichten wachsen die Herzen der Generationen einfach so zusammen. In Zeiten der Ablösung und Unab-
hängigkeit werden so manche Abstecher der Kinder bis
an die Grenzen des Mach- und Verantwortbaren geführt. Das sind in der Regel gesunde und ganz normale Abnabelungserscheinungen, doch können auch ver-
borgene Verletzungen, erlebtes Unrecht oder schlicht
und einfach der eigene Stolz, der schon im Himmel gegen alle Autorität rebelliert hat, die Ursache dafür sein.

Um die Kinder des Jakob bleibt es nach dem Erlebnis am Pniel ruhig, bis zu jenem tragischen Blutbad zu
Sichem (1. Mose 34). Der Familie wurde Gewalt angetan, die Hoffnung auf ein ruhiges und fruchtbares
Wohnen im Land wurde durch die Vergewaltigung von
Jakobs Tochter Dina brutal zerstört. Nun brannten die
Sicherungen von Jakobs Söhnen durch. Aus Rache er-
mordeten sie sämtliche Männer von Sichem, fielen über
die Kranken her, plünderten die Häuser der Stadt und
führten die Frauen und Kinder fort.

In ähnlicher Weise sind viele junge Menschen, besonders auch die aus christlichen Elternhäusern, aufgrund ihnen zugefügter Verletzungen «ausgestiegen»
oder haben sich selber zu ihrem vermeintlichen Recht

verholfen. Die Eltern machtlos – meist still schreiend in innerlich geweinten Gebeten und durchwachten Nächten –, warten auf ein Zeichen der Rückkehr, so wie in der Geschichte des verlorenen Sohnes jener Vater, der es nicht aufgegeben hat, am Horizont die Silhouette seines tot geglaubten Kindes zu entdecken (Lukas 15, 20). Eltern, die so glauben und hoffen, gehören zu den wahren Helden des Glaubens.

Andere wiederum bleiben, trotz Verletzungen und Missbrauch, dem zerbrechlichen Gefüge erhalten. Auf ihre Wunden setzten sich Misstrauen und Argwohn gegenüber allem, was in ihnen nicht das Recht auf Vergeltung und die Haltung «Irgendwann zeige ich es euch noch» nährt. Ich kenne kaum eine Familie, die nicht ihren Anteil an solch zugefügten Wunden zu tragen und zu überwinden hat.

Autorität aus Wunden

Aufgrund des exponierten Dienstes meiner Eltern und ihrer klaren Haltung dem Evangelium von Jesus gegenüber wurde auch unserer Familie viel «Gewalt» angetan. Die Bandbreite von Schikanen und Entwürdigungen reicht weit, sie sind es nicht wert, aufgezählt zu werden.

Natürlich blieben sie uns Kindern nicht verborgen. Als junger Teenager mit dem ersten Flaum unterm Kinn hörte ich mir hinter dem Vorhang des Kirchgemeindehauses die Verleumdungen und Anschuldigungen gegenüber meinem Vater im Rahmen einer speziell einberufenen Gemeindeversammlung an.

Bis zum heutigen Tag habe ich meinen Vater nicht ein einziges schlechtes Wort über seine Hasser reden hören. Ich denke, diese Haltung war wie ein Sprungbrett für seine von Gott geschenkte geistliche Autorität und bahnte den Weg für seinen übergemeindlichen Dienst weit über die Landesgrenzen hinaus. Plötzlich wurde er Anlaufstelle für viele Menschen im In- und Ausland, denen es ähnlich erging. Gott schuf eine Autorität aus Wunden.

Und Gott hatte dann auch einen genialen Plan, wie er mich vom Schmerz, der aus unserer «Familienwunde» entstanden war, heilte. Von diesem Heilungsprozess werde ich später noch berichten. Doch im Hause Jakob nimmt unsere Geschichte gerade erst ihren Anfang. Erstaunlich, was aus einer Familienwunde alles entstehen kann!

Vaters Sunnyboy

Joseph schien von der explosiven Vergangenheit seiner Familie recht unbelastet. Der frühe Tod seiner Mutter bei der Geburt seines jüngeren Bruders verhalf ihm zu einem besonderen Platz am Herzen des Vaters. Das, wonach sich die Brüder eigentlich in ihrem Innern sehnten, die Liebe und das Wohlwollen des Vaters, schien nun exklusiv *ihm* vorbehalten zu sein. Eifersucht fing an zu schwelen, wie Reisig unter trockenen Holzscheiten. Es war nur eine Frage der Zeit, bis die Funken zu Flammen werden würden.

Die Gewissheit, «der Vater ist für mich», bewirkte in Joseph eine grosse Sicherheit im Auftreten, machte ihn zugleich aber blind, was den Umgang mit seinen Brüdern anging. Joseph hatte eine offensichtliche Begabung, Träume zu empfangen. Doch zerschlug er durch seine unweise Art, wie er von den Träumen berichtete, einiges an Porzellan und vertiefte so die Kluft zwischen ihm und seinen Brüdern (1. Mose 37,5-11). Vielleicht erhoffte er sich damit Akzeptanz und Anerkennung. Wie dem auch sei, es ist eine schlechte Idee, sich durch Begabung einen Platz an der Sonne ergattern zu wollen. Geistliche sowie praktische Begabungen und Talente mögen uns Türen öffnen, aber sie entbinden uns

nicht von der Verantwortung, in unserem Beziehungsumfeld weise damit umzugehen und nach dem «Wann»
und «Wie» zu fragen. Daneben ist es unabdingbar, dass
wir sämtliche illegalen Eingangstüren in unserem Leben schliessen, durch die wir Liebe und Anerkennung
von anderen Menschen z. B. durch Offenbarungsga-
ben erwerben wollen. Das ist ein Muster, welches wir
auch heute immer wieder finden und das von (geistlichen) Vätern und Müttern am schwierigsten zu durch-
brechen ist. Wir sehen in der Geschichte, dass Jakob
die Träume seines Sohnes zwar im Herzen behielt und
darüber nachdachte, aber dass er Joseph bezüglich seines Auftretens und seiner Haltung nicht korrigierte.

So wie man praktische Begabungen trainiert und
fördert, muss geistliches Potenzial beschnitten werden,
sonst kann früher oder später ein Pulverfass hochge-
hen. Es tut weh, die eigenen oder auch geistlichen
Kinder zu beschneiden, an denen man doch so viel
Freude hat, die man vielleicht über Jahre aufgebaut hat
und auf die man ja insgeheim in der Zukunft setzt. Es
ist wie ein Schnitt ins eigene Fleisch, zumal die Beschneidung der Väter und Mütter an ihren Kindern oft
genau dort vorgenommen werden muss, wo sie sie im
eigenen Leben selber nötig gehabt hätten, oder nicht in
diesem Mass bekommen haben. Autsch!

Den Kopf gewaschen – das Gold belassen

Ein grosser Test für wahre Väter und Mütter wird sein, ob sie ihre Kinder so beschneiden können, dass sie das von Gott gegebene Gold in ihrem Leben belassen und sogar noch fördern können. Manchmal schauen die gesunden Triebe am Stamm den wilden Trieben täuschend ähnlich. *Beschneiden bedeutet im Kern nichts anderes, als das Potenzial der Begabung mit der Bildung des Charakters zu verflechten.*

Ich werde nie vergessen, wie ich einst als Konferenzmanager mitten im turbulenten Treiben von meinem Chef, der wie ein Vater für mich war, tüchtig den Kopf gewaschen bekam. Ich hatte die Anmeldehotline für eine Konferenz zu früh gekappt – und somit blieben 500 Stühle unbesetzt. Keine Katastrophe, aber in vielfacher Hinsicht ein schmerzlicher Verlust, wenn man bedenkt, dass auch ein fünfstelliger Dollarbetrag dabei flöten ging! Einen Tag zuvor hatte ich von Gott auf übernatürliche Weise Gold- bzw. Platinfüllungen im Mund geschenkt bekommen, und ich war begreiflicherweise auf Wolke sieben.

Nachdem er die Situation erfasst hatte, baute sich mein Chef vor mir auf, sah mich an und sagte zusammengefasst: Dein Gold in Ehren – von dem ich nichts wegnehmen werde −, aber was du dir geleistet hast, war schlicht und einfach schlecht! Deine Entscheidung hat Auswirkungen und nun auch Konsequenzen, an die du dich von jetzt an hältst. Und weg war er.

Ja, er war ärgerlich, zu Recht − doch konnte ich nicht ein Stückchen Ablehnung in seiner Haltung oder Stimme mir gegenüber feststellen. Er hielt zu mir, beschnitt mich und befähigte mich so, an späteren Konferenzen noch grössere Verantwortung wahrzunehmen. Er hat mir den Kopf gewaschen, doch das von Gott geschenkte Gold im doppelten Sinne belassen − das Gold in meinem Mund und auch das Gold in meinem Herzen.

Andere erleben das pure Gegenteil, nämlich das autoritäre Unterbinden jeglicher Initiative und Kreativität, nur weil diese nicht ins Konzept passen. Auf diese Weise haben beispielsweise kirchliche Leiter und Verantwortliche viele (junge) Künstler, Musiker, Geschäftsleute und geistbegabte Menschen geradezu ins Abseits gedrängt, wo sie ihre Sub-Kulturen am Rande oder gar ausserhalb unserer Gemeinden entwickelt haben.

Korrektur und Beschneidung − das ist ein heikles Thema. «Was habt ihr richtig gemacht mit euren Kindern?» ist eine oft gehörte Frage an sogenannte erfolgreiche Eltern, deren Kinder «gelungen» sind. Die Ant-

worten sind meist so verschieden, wie es Lösungen
gibt. Das Pendel schlägt, je nachdem, was für Erfahrungen gemacht wurden, in die eine oder andere Richtung aus. Um mit einem Gleichnis aus der Bibel zu reden: Wir kommen nicht umhin, in der jeweiligen Situation die Weisheit des Weingärtners zu erbitten. Er weiss
genau, welche Schosse entfernt werden müssen und
welche er reinigen muss, damit sie mehr Frucht bringen
(Johannes 15,1-2). *Weil* wir das Herz des Vaters kennen,
wissen wir, dass er es gut mit uns meint.

Verborgene Absichten

Was der Teufel in hämischer Absicht plant und aus-
führt, kann Gott ins Gute verwandeln. Niemand konnte
absehen, dass Josephs Stationen − Brunnenschacht,
Sklavenmarkt, Haus Potiphar, Staatsgefängnis und Hof
des Pharao − Teil eines umfassenden Rettungsplanes
Gottes waren. Jahre später, als Joseph als Unterkönig in
Ägypten regierte, äusserte er einmal seinen Brüdern gegenüber: *«Denn um viele Leben zu erhalten, hat mich
Gott vor euch her gesandt. So habt nicht ihr mich
hierher gesandt, sondern Gott.»* (1. Mose 45,5+8a)
Später sagte er seinen Brüdern gar: *«Ihr zwar gedach-*

tet mir Böses zu tun, aber Gott hat es zum Guten gewendet, dass er täte, was jetzt am Tage ist: ein grosses Volk am Leben zu erhalten.» (1. Mose 50, 20) Sein Lebensweg diente somit dazu, ein ganzes Volk zu erretten.

Wenn wir die Schrift lesen, scheint es, als ob viele Menschen, die Gott für seine Absichten gebrauchte, sich ihrer Aufgabe erst gar nicht bewusst waren. Die Initiative und die Berufung liegen bei Gott, unser Verstand und das Begreifen hinken meist hinterher. Verständlich, denn wer sieht schon gerne auf den Scherbenhaufen einer zerbrochenen Ehe, einer kaputten Familie, eines finanziellen Bankrotts, einer ruinierten Gesundheit, eines psychischen Zusammenbruches oder schlicht auf das normale Leben mit seinen genutzten und verpatzten Chancen. Es ist Gnade, wenn wir in einer Stunde der Offenbarung erkennen können, in welcher Umsicht und Weisheit Gott unsere Lebensstationen und -umstände in einen wunderbaren Plan zusammengewoben hat. In meinem Fall sah es zunächst so aus, als würde ein ganz besonders fieser Plan des Teufels mein Leben ruinieren.

Ein Unfall mit Folgen

Es war ein lauer Frühlingsabend, und ich war mit meinem Fahrrad auf dem Weg nach Hause. Mit 14 Jahren war ich damals ein geübter Radfahrer und legte jeweils ein mörderisches Tempo vor. Etwa 100 Meter vor unserem Haus fuhr ich auf den Gehweg und realisierte in Sekundenbruchteilen, dass ich durch das Tempo an den parallel laufenden Gartenzaun gedrückt wurde. Zu spät! Mein Bremsbügel klinkte sich ein, der Lenker wurde herumgerissen und ich flog Kopf voran mit meiner rechten Gesichtshälfte auf die zehn Zentimeter langen Eisenspitzen des Zaunes. Die Eisenspitzen bohrten sich mit brachialer Gewalt in mein Gesicht, durch meinen Unterkiefer und die Zunge und neben meiner Halsschlagader durch mein rechtes Ohr hindurch. Wie durch ein Wunder wurde ich nicht bewusstlos, sondern fiel in einen Wundschock, rappelte mich auf und rannte blutüberströmt in unser nahes Pfarrhaus hinein.

Meine Mutter betete gerade für eine dämonisch belastete Frau im oberen Stock, als ich blutüberströmt und um Hilfe schreiend in den Flur lief. Mutter stürzte aus dem Zimmer, erfasste die Situation, schmiss mich ohne zu überlegen ins Auto und fuhr in ihrer Gebetssprache laut betend über sämtliche rote Ampeln hinweg direkt in die Notfallaufnahme. Durch ihr kühnes und sofortiges Handeln hat sie mein Leben vor dem sicheren Verbluten gerettet. In der Notfallaufnahme schien das Personal machtlos zu sein – minutenlang lag ich auf der Krankenbahre, während das Blut in eine dargereichte Schale hineinlief. Die Zunge hing mir in Fäden heraus und ich konnte im Schock immerzu nur noch lallen: «Halleluja! Halleluja!» Es war eine groteske Szene. Meine Mutter verlor schliesslich die Geduld und bestand darauf, dass ein Narkosearzt geholt würde, der plötzlich wie durch ein Wunder den Flur herunterspaziert kam. Endlich durfte ich in Ohnmacht fallen – es sollte zwei Wochen dauern, bis ich wieder zu Bewusstsein kam.

Ein Team von fünf Chirurgen machte sich daran, zu retten, was noch zu retten war. Nach zwei Stunden gaben sie auf und riefen einen bekannten Kieferchirurgen zu Hilfe, der mich in der gleichen Nacht sieben Stunden lang operierte. Er hatte eine Wunderhand und schaffte das scheinbar Unmögliche: die geniale Wiederherstellung meines Gesichtes, der Zunge, des Unterkiefers und des rechten Ohres. In den darauf folgenden Wochen rang ich auf der Intensivstation um mein Leben. Mein Kopf schwoll an und blockierte dadurch meine Atemwege. Ich wurde intubiert und entwickelte parallel dazu noch eine Lungenentzündung. Die Kurven schlugen bedenklich hoch aus, und ein erster Versuch, mich wieder ins Bewusstsein zu holen, schlug fehl. Medikamentös wurde ich in ein künstliches Koma versetzt. Meinen Eltern und den engsten Leitern der damaligen Mitarbeitergemeinde wurde es erlaubt, nahe bei mir zu sein, mich zu waschen und zu ölen, über mir zu beten und zu singen. Mir erschien diese Zeit wie ein grosser, langer Schlaf. Erst 14 Jahre später zeigte mir Gott einmal in einem Traum, was er in jener Zeit in meinem Unterbewussten wirken konnte. Doch das ist eine andere Geschichte.

Einige Zeit später erzählten meine Eltern mir von den Zusammenhängen hinter meinem Unfall. Ein erboster Vater, dessen Kind nicht in die nächste Klasse befördert werden sollte, rief den zuständigen Lehrer an und drohte ihm, dass etwas mit seinen Kindern passieren würde, wenn er die Beförderung nicht vornehme. In seiner Not rief der Lehrer meinen Vater an, der sich gerade in einer Seniorenferienwoche befand, und bat ihn um Hilfe. Vater nahm die Sache ernst, kniete mit seinem damaligen Vikar nieder und brach im Gebet die okkulten Flüche dieses Mannes. Zu jener Zeit hatte unsere Familie noch wenig Erfahrung im Umgang mit okkulten Mächten. Die Bibel spricht davon, dass die finsteren

Mächte, nachdem sie aus einem Menschen hinausge-
worfen worden sind, eine neue Bleibe suchen, wo sie
ihr Unwesen treiben können (Matthäus 12,43). Und so
geschah es dann, dass ich der Landeplatz für diese
zerstörerischen Mächte wurde. Doch der Teufel hatte
«die Rechnung ohne den Wirt» gemacht!

Meine Genesungszeit war erstaunlich kurz und
mein Fall wurde im Krankenhaus zur «Case Study». Ich
wurde auf die allgemeine Station verlegt und konnte
zum Erstaunen der Ärzte bereits nach einer Woche
nach Hause entlassen werden. Mein Mund wurde aller-
dings noch zwei Monate lang mit Drähten verschlossen, sodass ich nur durch die Zähne reden und mich
nur flüssig durch ein Röhrchen ernähren konnte. Ich
musste ständig eine kleine Zange bei mir tragen, mit
der ich für den Fall, dass ich erbrechen musste, meinen
Mund hätte aufknipsen und mich so vom Ersticken
bewahren können. Das zweimonatige Zwangsfasten
war eine schwierige Zeit, wenn auch ab und zu lustig,
als mir beispielsweise meine Freunde zur Ermunterung
einen pürierten Mohrenkopf verabreichten!

Nach der Heimkehr versöhnte ich mich innerhalb
kürzester Zeit mit meinem Bruder. Praktisch über Nacht
heilte Gott unsere Beziehung, die von Streit und Eifersucht bestimmt gewesen war, und schenkte eine tiefe

Freundschaft und Wertschätzung füreinander, die bis zum heutigen Tag anhält. Dem nicht genug. Sobald ich meinen Mund wieder benutzen konnte, fing ich intensiver an, über Gott und sein Handeln zu erzählen. Gott fing an, mir für Situationen und Mitmenschen besondere Einblicke zu schenken, und ich merkte, dass er viel Segen auf mein Reden legte. Durch den Unfall und die darauf folgenden gemeinsamen Gebetszeiten mit meinem Vater liess Gott darüber hinaus eine tiefe Freundschaft zwischen uns entstehen. Jeden Abend kam Vater in mein Zimmer, kniete sich neben meinem Bett nieder, legte seine Hände auf den zerstörten Kiefer und die Narben und betete um Heilung. Es war, als ob wir uns von diesem Zeitpunkt an ohne viele Worte einfach durch unseren Geist verstanden.

Zugefügte Familienwunden kommen den Teufel teuer zu stehen, denn «Gott lässt sich nicht lumpen». Sein Kerngeschäft ist die Wiederherstellung aus aller Zerstörung. Wenn ER eingreift, dann wird es nachher sogar noch *besser* als vorher!

KAPITEL 2

Ablösung und Bewährung

Ablösung der Söhne und Töchter

«Einmal werden sie alle aus dem Nest geschmissen», sagt man. Einmal kommt die Bewährung ohne den täglichen Input der Eltern. Die einen gehen etwas früher, die anderen etwas später. Die einen freiwillig und besser heute als morgen, die anderen widerwillig und zögerlich. Die Entwicklung muss ihren Lauf nehmen, wenn der Sohn nicht auch zu einem Bruder des Vaters oder die Tochter zu einer Schwester der Mutter geformt werden soll.

Die sich ablösende Generation wird vom «Vater des Lichts» wie auch vom «Vater der Lüge» heiss um-

worben werden. Der Vater des Lichts wird alles tun, damit seine Kinder Formen der Vaterschaft erleben werden, die sie in ihrer Entwicklung zur Selbstständigkeit
fördern. Der Vater der Lüge wird alles tun, den sich ab-
lösenden Kindern schlechte Ersatzeltern zu verschaf-
fen, die ihre Entwicklung unterhöhlen und auf falsche
Bahnen lenken. So kann er sie letztendlich für seine
Zwecke missbrauchen. Der Kampf zwischen Licht und
Finsternis tobt über der jungen Generation meist sehr
heftig, denn es geht um viel mehr, als die Kinder möglichst schnell ins eigene Leben zu entlassen.

Manche Eltern sehen oder ahnen zumindest, dass
ihre Kinder nach der Ablösung allen möglichen Formen
von Vaterschaft ausgesetzt sein werden. Das ist auch in
unserer Geschichte nicht anders. Während sein leib-
licher Vater ihn für tot hielt, erlebte Joseph seine erste
andere Form der Vaterschaft im fernen Ägypten.

Vater Potiphar

Potiphar, ein hoher Beamter des Pharao, wurde zur ersten neuen Bezugsperson des jungen Joseph. Dem Text
zu entnehmen ist, dass er Joseph als Sklave und ursprünglich nur temporär in sein Haus nahm. Offenbar

wollte er mit dem sonderlichen Hebräer kein Risiko eingehen. Erst nachdem er feststellte, dass die Arbeit seiner Hände überaus gesegnet und der Herr mit ihm war, durfte er im Hause seines Gebieters bleiben (1. Mose 39, 3). Wie wir gleich sehen werden, schuf Potiphar eine erstaunliche Brücke des Vertrauens zu Joseph, die mehr an eine Vaterschaft als an eine Knecht-schaft erinnert.

Obwohl Potiphar ein gütiger Herr zu sein schien, repräsentiert er eine Form von Missbrauch an der jun-gen Generation – ein Missbrauch, dem wir heute noch in vielen Kreisen begegnen. Potiphar erkannte die Sal-bung im Leben dieses Jungen und überliess ihm mehr und mehr Verantwortung in seinem Haus. So gut war die Arbeit von Joseph, dass Potiphar sich nach einer Weile um nichts mehr als nur um sein eigenes Essen kümmerte. Die Arbeit am Königshof, oder vielleicht eher seine Karriere, verlangte ihm alles ab, sodass er auch anfing, seine eigene Frau zu vernachlässigen. Umso dankbarer war er, dass er nun einen fähigen Mann da-heim hatte, der nach dem Rechten schaute.

Potiphar gab Joseph alles – ausser natürlich seine Frau, und leider auch nicht sich selbst bzw. sein Herz. Viele Väter und Mütter verwechseln Vater- und Mutter-schaft mit der Delegation von Verantwortung. Obwohl

dies ein wichtiger Teil davon ist und Gott als himm-
lischer Vater dem Menschen auch Verantwortung und
Arbeit zugeteilt hat, hat er sich doch als Person nicht
dem Menschen entzogen. Er war nicht nur dankbarer
Arbeitgeber, sondern auch zugängliches Gegenüber.

Junge Menschen, die sich in solchen Situationen
wiederfinden, tun sich schwer, dies zu erkennen und
dementsprechend einzuordnen. Zunächst sind sie einfach dankbar, dass sie endlich mal «ran» dürfen. Ver-
mehrte Verantwortung und die wohlwollende Haltung
eines Chefs werden freudig zur Kenntnis genommen.
«Ich bin wer; ich bin gewollt und ich werde gebraucht;
ich kann mich beweisen!» Mit den Gaben und Talenten
wird gewuchert. Erste Erfolge stellen sich ein – aber
parallel dazu entsteht ein unsichtbares, aber stetig
wachsendes Problem unter der Oberfläche. Väter, die
nur delegieren, lassen wohl die Arbeit und Verantwortung, aber nicht die Herzensbeziehung zu ihren Söhnen und Töchtern wachsen. Die Frucht der Arbeit wird
anerkannt und gewünscht, doch das Herz und die
tiefsten Bedürfnisse des strebenden Dieners verkannt.
Ein wenig Misstrauen, eine Anklage, ein Vorwurf reicht
– und die Tür fällt ins Schloss. In unserer Geschichte
fühlte sich Potiphar nach dem vermeintlichen Zwischen-
fall mit seiner Frau von Joseph verraten und warf ihn

kurzerhand ins Gefängnis. Joseph verstand die Welt nicht mehr – eine ungemütliche Pattsituation, denn beide Parteien waren von der Richtigkeit ihres Handelns überzeugt. Viele Trennungen, besonders auch die zwischen den Generationen, geschehen nicht aufgrund falscher Motive, sondern aus reiner Unwissenheit, wie man sich den Bedürfnissen des Gegenübers annehmen kann. Der Widersacher wartet geschickt, bis er eine schwierige Situation in die Beziehung «hineinsäen» kann. Meist braucht es dann nicht mal handfeste Beweise oder überführende Handlungen, um die Falle der Zwietracht und schlussendlich der Trennung zuschnappen zu lassen.

Solche Muster können und müssen durchbrochen werden. Ihr Väter und Mütter, nehmt eure Verantwortung wahr! Auch wenn sich viele von euch unter grossem Druck behaupten müssen – es reicht nicht aus, nur ein Vorgesetzter oder eine Vorgesetzte zu sein. Das Privileg der Verantwortung, die ihr den Jungen gebt, muss mit der Zuwendung eurer Herzen gepaart sein. Sonst schafft ihr ein Vakuum, welches mit illegalen Sehnsüchten und deren Konsequenzen gefüllt werden wird. Die Entscheidung, eure Herzen zu öffnen, werdet ihr früher oder später treffen müssen, denn niemand kann euren Stand ersetzen oder ausfüllen.

Alles, nur nicht die Freiheit

Die plötzliche Trennung von Vater Potiphar brachte Joseph in ein ungewolltes und hartes Bewährungsumfeld. Das Staatsgefängnis war der Schmelztiegel aller, die gegenüber dem Königshaus und seinem Reich schuldig geworden waren, oder, wie in unserem Fall, unschuldig eingebuchtet worden waren. Es gab nur drei Möglichkeiten, dieses Gefängnis *«... wo die Gefangenen des Königs in Gewahrsam lagen»* (1. Mose 39, 20) zu verlassen: entweder aufgrund einer Begnadigung, oder auf dem Weg zur Hinrichtung, oder im Sarg – sollte man während des Kerkeraufenthaltes das Zeitliche gesegnet haben. Die Aussichten für die Zukunft waren somit alles andere als rosig, wäre nicht dieselbe Gegenwart Gottes mit Joseph gewesen, die ihn schon in Potiphars Haus umgeben hatte. *«Der Herr aber war mit Joseph»*, heisst es ganz lapidar (1. Mose 39, 21). Hoffnung lässt nicht zuschanden werden, heisst es im Neuen Testament (Römer 5, 5) – eine solche von Gott gegebene Hoffnung muss den jungen Mann erfüllt haben, sodass er nicht einer Depression verfiel, sondern sich sogleich nützlich machte.

Innerhalb kürzester Zeit verschaffte Joseph sich die Gunst des Aufsehers, *«... dass ihm dieser alle*

Gefangenen im Gefängnis anvertraute; alles, was dort geschah, geschah durch ihn» (1. Mose 39,22). In anderen Worten: Joseph machte den Gefängnisaufseher arbeitslos. Auch dieser schien sich, ähnlich wie Potiphar, um nichts mehr kümmern zu müssen. Die internen Geschäfte liefen ausnahmslos über Joseph. Dies ist umso erstaunlicher, wenn man sich die Grösse und die ganze Logistik der Gefängnisse im Altertum vor Augen hält. Über die Ein- und Ausgänge musste Buch geführt werden. Zellbelegungen, Essensabgabe und Hygienekontrollen mussten organisiert und eingeteilt werden. All dies und mehr wurde ihm wahrscheinlich anvertraut – nur nicht die Freiheit.

Joseph wurde der Hirte seiner Mitgefangenen – mit dem Unterschied, dass er als Unschuldiger sein Dasein fristete. Sein Plan, mithilfe des Mundschenks aus dem Loch zu kommen, schlug fehl (vergl. Kap. 40,14+23). Es sollten noch zwei weitere Jahre vergehen, bis Joseph völlig unerwartet vor den Pharao treten würde.

Orte der Bewährung – Orte des Wachstums

Gott mutet seinen Söhnen und Töchtern manchmal eine Art von Gefängnis zu. Obwohl sich die Situation

nicht eins zu eins übertragen lässt und die wenigsten
unter uns die unsagbaren Leiden eines natürlichen Ker-
kers nachvollziehen können, wissen wir um unsere eigenen Plätze der Gefangenschaft, aus denen wir uns
nicht selber befreien können. Viele junge Leiterinnen
und Leiter betrachten sich als Gefangene eines Systems,
mit dem sie sich wenig identifizieren können, aber in
dem sie dennoch grosse administrative und exekutive
Verantwortung bekommen haben. Diese Systeme können z. B. eingefahrene oder überalterte Strukturen oder
schwierige Gemeindesituationen sein. Es kann eine berufliche Anstellung mit einem schwierigen Umfeld sein,
die einem das Letzte abverlangt, die man aber nicht
einfach über Nacht verlassen kann. Es kann jedoch
auch das familiäre Beziehungsnetz mit seinen eigenen
Herausforderungen sein. Was sie alle verbindet, ist, dass
gewisse Freiheiten und Verantwortungsbereiche existie-
ren, in denen man sich zu bewegen hat, aber über die
man nicht hinauswachsen kann. Es ist Begrenzung pur.
Wir sprechen hier nicht von einer falschen Aufopferung
gegenüber Personen und Systemen, einer Situation
oder einer Ideologie, in die sich Menschen in ihren
Überzeugungen freiwillig hineinbegeben. Nein, hier
wissen wir, dass wir uns an Plätzen der Bewährung
befinden, die von Gott bestimmt sind. Solche Orte sind

zum Teil alles andere als bequem und fordern unseren Charakter heraus. Trost bringt uns in solchen Situationen nicht das Träumen auf eine bessere Zukunft, sondern das tiefe Wissen: *«Der Herr aber war mit Joseph ...»* (1. Mose 39,21) Das ist ein sicheres Zeichen, dass wir uns an einem von Gott bestimmten Platz der Bewährung befinden. Die Güte und Barmherzigkeit unseres Vaters im Himmel sind sogar so gross, dass er uns seine Hilfe und Gegenwart auch dann nicht entzieht, wenn wir uns selbst in grosse Schlamassel hineinmanövriert haben. Selbst verschuldete Fehler hindern Gott nicht, uns zur Bestimmung unseres Lebens «durchzulieben».

Über die Jahre habe ich beobachtet, wie viele junge Leiterinnen und Leiter der Hitze eines solchen Schmelzofens nicht standgehalten haben. Die meisten sind knapp vor dem Ziel ausgestiegen, das sprichwörtlich «hinter dem Vorhang» greifbar gewesen wäre. In ihren Herzen haben Samen von Bitterkeit und Unversöhnlichkeit gegenüber Gott und Menschen Wurzeln getrieben, anstatt des Samens der Gewissheit, dass denjenigen alle Dinge zum Besten dienen, die Gott lieben (Römer 8,28). In meiner eigenen Entwicklung habe ich in verschiedenen Anstellungen, Gemeinden und Diensten oft Grund gehabt, das Handtuch zu schmeissen. Was mich gehindert hat, war sicherlich einerseits Gnade, und andererseits meine Liebe zu Jesus. Ich wusste tief im Herzen: **Weil** ich berufen bin, kann und wird mir diese und jene Situation nur zum Besten dienen. Eine solche Haltung lässt den Geist erstarken. Genau genommen: Es blieb mir gar keine andere Wahl, denn sollte ich mich diesen Tests entziehen, würde ich früher oder später in anderer Form damit konfrontiert werden. Das ist eine Gesetzmässigkeit in unserer charakterlichen Entwicklung. Konkret heisst das: Kopf einziehen und durch!

Gott zieht eine Generation von Leitern heran, die sich nicht nur solchen Herausforderungen stellen, sondern diese als Gelegenheiten sehen, persönlich zu wachsen. Sie geben sich nicht mit dem einfachen Weg zufrieden, sie schrecken nicht vor Trainingsplätzen zurück, die ihre geistlichen Muskeln aufbauen. Der Geist wirkt in ihnen das Erkennen, dass geistliche Autorität mit einem Preisschild des «Ja, Herr!» versehen ist. Gehorsam ist besser als Opfer, doch das Feuer Gottes fällt nicht auf einen leeren Altar. Es sind die **gehorsamen Opfer**, deren Kennzeichen die Freude und der Friede Gottes sind, die die Muskeln unserer geistlichen Autorität stärker werden lassen.

Auch Josephs Geist erstarkte. Seine Weisheit wuchs

– trotz äusserer Fesseln. Das Mass seines inneren Wachstums und seiner geistlichen Autorität wurde spätestens dann offenbar, als er dem Pharao nicht nur seine Träume auslegte, sondern im gleichen Atemzug einen 14 Jahre dauernden Aktionsplan zur Errettung des Staates vorlegte. Sicher, der Geist hat es ihm gegeben, doch durch was war sein innerer Mensch so sensibilisiert und aufgebaut worden, dass er eine solche Eingebung aufnehmen und wiedergeben konnte?! Geistliche Autorität kommt nicht aus Erfolgen, sondern aus Bewährung. Gesegnet ist, wer in ihnen überwindet und von Gott selber befördert wird.

Wenn das Mass voll ist

«Ist ja gut und recht», mögen einige Leser und Leserinnen einwenden. «Wann ist das Mass voll vom Ausharren in schwierigen Situationen?» Eine berechtigte Frage. Das Mass ist dann voll, wenn Gott dir einen bestätigten und deutlichen Marschbefehl gibt. Wir zelebrieren nicht eine Leidenshaltung um der versprochenen Autorität willen. Das wäre eine falsche Demut und in sich eine Form von Stolz. Glauben wir denn, dass es Plätze gibt, die der Vater im Himmel für uns bestimmt und in seiner weisen Voraussicht für uns vorbereitet hat?

Nach einem Teilabschluss meines Theologiestudiums war ich in einer Grossstadt Englands bei einem bekannten Gemeindegründer als Butler tätig. Ich war «Mädchen für alles» und schmiss einen Grossteil des Haushaltes für das engagierte Ehepaar. Ursprünglich hatte ich mich als «junger Timotheus» bei ihnen angemeldet. Ich wollte diesen bewährten Diener Gottes auf seinen Reisen begleiten. Seine hervorragenden theologischen Kenntnisse waren weitaus bekannt, und es wurde vereinbart, dass ich als Vikar möglichst viel von ihm profitieren und ihm zur Seite stehen sollte. Doch es kam alles anders als gedacht. Plötzlich gab es Wäsche, die gewaschen werden musste, Essen, welches gekocht werden sollte, eine Einkaufsliste für den Haushalt und ein Garten mit Tomaten, der gepflegt werden wollte … Ich sah meine Timotheus-Berufung buchstäblich den Bach hinunter schwimmen.

Ich machte das Beste daraus und stellte mich, so gut ich konnte, den täglichen Herausforderungen. Auf meinem Zimmer schrieb ich einen Grundkurs über die Bibel und engagierte mich parallel in einer kleinen Innenstadtgemeinde, die in einem heruntergekommenen Stadtteil lag. Ich veranstaltete kleine Bibelhauskreise, in denen sich vom Grossstadtjunkie bis zur gut situierten Oberklasse alles versammelte. Mit den Männern der Gemeinde verbrachte ich viel Zeit und half ihnen, kleine Fortschritte in ihrem Glaubensleben zu machen. Im Gemeindebüro tippte ich tagein, tagaus seitenweise Predigten ins Reine. Wann immer sich mir die Gelegenheit bot, verbrachte ich die restlichen Stunden spät in der Nacht mit dem Gemeindegründer, fragte ihn Löcher in den Bauch und liess mich von ihm in theologischen Belangen unterrichten. Trotz seines grossen Arbeitspensums entwickelte der viel beschäftigte Leiter eine väterliche Freundschaft zu mir, und seine Investition in mein Leben rechne ich ihm bis heute hoch an.

Eines Tages kamen zwei Männer zu Besuch. Es hiess, sie seien Propheten aus den USA. Sie wurden vom Gemeindegründer in das Wohnzimmer geführt, und ich servierte der Gesellschaft auf einem Tablett Kaffee. Der eine Prophet sagte zum anderen: «Bobby, hast du ein Wort für den Gemeindegründer?» «Nein», antwortete dieser. «Aber ich habe ein Wort für diesen ‹Coffeeboy›, der uns gerade den Kaffee serviert. Er wird eines Tages Leiter eines internationalen Dienstes sein.» Kurze Zeit später verliessen die Männer das Haus. Zugegeben, ich realisierte die Bedeutung dieses Besuches nicht. Ich vergass das prophetische Wort sogar und ver-

grub mich wieder in der Wäsche und in der Gemeinde-
arbeit. Erst Jahre später, als sich unsere Wege erneut
kreuzten, erinnerte der Prophet mich an dieses Ge-
spräch.

Ein wenig später wurde in einer angegliederten
Gemeinde eine Stelle als Pastor frei. Der Gemeindegründer kam auf mich zu und sagte: «Andreas, du hättest das ideale Profil, diese Gemeinde zu übernehmen.
Ich würde sie dir gerne übergeben.» Von da an fuhr ich
mit dem Auto zu allen möglichen Tages- und Nacht-
zeiten zu diesem Gemeindegebäude und lief betend
und träumend darum herum. **Dies** schien die Antwort
und meine Zukunft zu sein. Doch eine delikate Situation innerhalb des Leitungsteams und eine parallele Be-
werbung liessen den Traum der eigenen Gemeinde
platzen. Nun stand ich wirklich «mit abgesägten Ho-
senbeinen» da. Mein ersehnter Begleitdienst schien
nicht zustande zu kommen und die Gemeindeüber-
nahme war ebenfalls im Sand verlaufen. Was tun? Im
Gefängnis aushalten? Waren nun Durchhalteparolen
angesagt?

Gott ist treu – er liess mich nicht hängen. In einer
Frühlingsnacht hatte ich einen interessanten Traum. *Ich
stand vor dem Hauseingang des Gemeindegründers.
Die Haustüre fiel zwischen uns ins Schloss und ich*

stand alleine da. Ich ging die Strasse hinunter und kam auf eine grosse Brücke, unter der eine Moto-cross-Bahn lag. Gerade fand ein Rennen statt. Die Fahrer fuhren über grosse Schanzen und katapultierten sich bis auf meine Augenhöhe, fixierten mich kurz, als wollten sie sagen: Was machst du da? Du solltest eigentlich hier unten mitfahren. Dann wachte ich auf.

Ein Freund erklärte mir die Bedeutung des Traumes: Gott schliesst die Türe zwischen dem Gemeindgründer und dir zu. Eine Zeit geht zu Ende. Die Motocross-Piste und die Motorräder stehen für das prophetische Training und die Gabe der Prophetie. (Motorräder stehen für das Prophetische – schnell, wendig, gute Übersicht, aber auch gefährlich in ungeschützter Fahrweise.) Gott ruft dich, an diesem prophetischen Training teilzunehmen. Es ist Zeit, dort einzusteigen.

Zum Erstaunen des Gemeindegründerehepaares packte ich, nach Gebet und Absprachen, meine Sachen in mein Auto, um zurück in die Schweiz zu fahren. Es war die richtige Entscheidung, und sie stellte die Weichen für einen weiteren grossen Abschnitt meines Lebens.

Als ich inmitten dieser verzwickten Entscheidungsfindungen wieder einmal zu Besuch bei meinen Eltern war, legte mir mein Vater als Willkommensgruss einen Blumenstrauss und seiner Gewohnheit gemäss eine persönliche Karte mit einem Wort für mich hin:

«Noch waren es die Schwanenflüge», schrieb er, *«einmal, das wissen wir, werden dich die stärkeren Schwingen einer in die Kraft kommenden Berufung weiter tragen.»*

Ich schrieb daraufhin in meiner kleinen Grossstadtklause ein Gedicht, welches das tiefe Gebet nach dem Herauskommen aus einer solch drückenden Situation widerspiegelt:

Schwanenflüge

Schwanenflüge
Hörst du das Schlagen meiner Flügel über Ländern
        und Kontinenten?
Schwanenflüge
Hörst du das Schlagen meiner Flügel über Kirchen
        und Denominationen?
Schwanenflüge
Wann setzt der Sinkflug an?

Auf! Der Sonne entgegen
Da wo die Nacht zum Tag
und der Winter zum Frühling werden
Auf! Der Sonne entgegen
Solange Kraft und Saft in meinen Schwingen stecken
Auf! Der Sonne entgegen
Denn einmal werde auch ich müde werden

Wo ist mein Ziel – wo find' ich Ruh'?
Oh zeige mir den nächsten See
Wo ist mein Ziel – wo find' ich Ruh'?
Im Schilf, am Ufer, oder ganz versteckt
Wo ist mein Ziel – wo find' ich Ruh?
Wohl erst in Seiner Gegenwart

Wenn ich mir eines erbeten könnte …
Lass mich nicht alleine fliegen
Wenn ich mir eines erbeten könnte …
Lass mich die Sonne nie verlieren
Wenn ich mir eines erbeten könnte …
Lass die Freude mein Begleiter sein

© Andreas Keller 1997

Kapitel 3

Im fremden Lande gross geworden

Vater Pharao

Und dann, nach seiner Bewährung im Gefängnis, stand Joseph plötzlich vor dem Pharao. Der Gefängnismief, trotz Rasur und neuer Kleidung, haftete noch an ihm. Pharao war begeistert von Joseph: Welch eine Interpretation seiner Träume! Welche Einsicht bezüglich der nun anstehenden praktischen Schritte! Er ehrte ihn in der Gegenwart aller Wahrsager und Weisen als einen Mann, «in dem der Geist Gottes zu finden ist» (1. Mose 41, 38). Er gab ihm vor seinen Dienern seinen

Siegelring, feinste Gewänder, die goldene Halskette und einen königlichen Wagen als Zeichen seiner exekutiven Handlungsfähigkeit. Er festigte Josephs Ansehen im Volk, indem er ihn mit der Tochter des Priesters von On vermählte. Doch die Grenzen zwischen den beiden Königen waren für alle klar abgesteckt. Als ein vom Volk verehrter Halbgott behielt Pharao die Macht – auch die Macht, Joseph einen neuen, ägyptischen Namen zu geben: **Zaphnath-Paneah**, was so viel heisst wie «Offenbarer von Geheimnissen» oder in anderen Übersetzungen «Retter der (damaligen) Welt». Das hatte damit zu tun, dass es für ein Weltreich des Altertums gang und gäbe war, sich als «die Welt» anzusehen und seinen Einflussbereich als «die Welt» zu bezeichnen. Das gibt uns auch einen Hinweis darauf, dass die Ägypter Joseph tatsächlich als den Erretter ihrer Welt ansahen.

Die Beziehung zwischen Joseph und Pharao war zeitlebens von gegenseitigem Vertrauen geprägt. Pharao erkannte die Weisheit von Gott in seinem jungen Premier und legte ihm zu Beginn der Hungersnot nicht nur die Verwaltung des Landes, sondern auch sein Volk in die Hände: **«Geht zu Joseph; was der euch sagt, das tut!»** (1. Mose 41,55) Trotz seiner neuen Machtposition als **«Regent des Landes»** (1. Mose 42,6) missbrauchte Joseph seinen Status nicht und gab Pharao weiterhin die Ehre, die ihm als König zustand. Die Art und Weise, wie Joseph sich beim Pharao die Erlaubnis holte, seine Familie nach Ägypten zu bringen und die Sippen im Lande Gosen anzusiedeln, demonstriert dies sehr schön. Joseph brachte trotz seines Erfolges und seiner von Gott geschenkten Weisheit und Einsicht dem Pharao Respekt und Achtung entgegen. So sehr ehrte Gott diese Aufrichtigkeit, dass Joseph dem Pharao selbst zum Vater wurde! (1. Mose 45,8) Das ist erstaunlich! Vaterschaft hat in dem Sinne herzlich wenig mit einer Vormachtstellung oder mit Alter zu tun. Wird Vaterschaft gelebt, überwindet dies alle gesellschaftlichen und sozialen Barrieren.

Im Dienst der Welt – im Dienst für Gott

Bewusst lässt Gott immer wieder zu, dass treue Diener Gottes, ausgestattet mit dem Geist der Weisheit und der Einsicht, weltlichen Herrschern auf ausserordentliche Weise dienen. Man denke nur an die biblische Figur Daniel, ein verbannter Exiljude, der am Hofe dreier heidnischer Weltherrscher als Premier diente. Oder Nehemia, der am Hofe des Königs Arthahsastha von Persien Mundschenk war, bis ihn Gott zum Wiederaufbau von

Jerusalem einsetzte. Bis in die heutige Zeit hinein findet man Beispiele, wie Gott vom Heiligen Geist erfüllte Männer und Frauen als Diener der Mächtigen einsetzt. Gott hat kein Problem damit, wenn wir keinen christlichen Arbeitgeber haben. Im Gegenteil. Dies ist oftmals genau seine Strategie, wie wir unserem Umfeld zum Segen Gottes und zu einer echten Erfahrung von wahrer Vater- und Mutterschaft verhelfen können.

Rückblickend betrachte ich meine Stationen, in denen ich nicht-christlichen Arbeitgebern diente, als die grösste Chance und Möglichkeit, Salz und Licht in der Welt zu sein. Wie viele Male musste ich den Ausspruch hören: «*Das* hätte ich von einem Pfarrerssohn nicht erwartet …!», wenn ich die in mir gewachsenen Überzeugungen zu leben versuchte. In regelmässigen Abständen schien ich die vorgefassten Meinungen zu sprengen, wie sich ein Pfarrerssohn in der Welt zu verhalten hat. Wir Christen werden an unseren Arbeitsstellen genauestens beobachtet. Ist einmal unser moralischer Kodex bekannt und sind die Grenzen des «Das mache ich» − «Das mache ich nicht» abgesteckt, ist das Interesse des Chefs und der Mitarbeiter geweckt. Es ist klar, dass das Interesse oftmals unter dem Deckmantel der Spötteleien und der schrägen Witze daherkommt. Dahinter liegen doch meist die eigene Unsicherheit und die pure Faszination über einen Menschen verborgen, der es wagt, nicht im System mitzuschwimmen.

In anderen Situationen überwiegt der Hass, der dann leicht in Mobbing überschlagen kann. Nicht die Menschen an sich, sondern die Mächte hinter ihnen rebellieren gegen den Geist Gottes und geben keine Ruhe, bis sie (scheinbar) siegen oder besiegt werden. Ein gutes Beispiel finden wir im Buch Daniel, als er von seinen neidischen Mitarbeitern dem König überliefert und in die Löwengrube verfrachtet wurde (Daniel 6). Was anfänglich oftmals als Sieg gegen die «Frommen» ausgelegt wird, ist in Gottes Augen bereits eine Niederlage. Verspricht er uns doch ewigen Bestand, während die Gottlosen einer dunklen Zukunft entgegenblicken. Der Psalm 37 mag diesbezüglich als grosse Ermutigung für Betroffene dienen.

Die Frage bleibt, in was für einem Geist und in welcher Haltung wir Christen unseren «Herren» dienen. Ob wir diesen Test bestehen, wird darüber entscheiden, ob uns Gott grössere Verantwortung anvertrauen kann. In meiner Ausbildung zum Schreiner war einer meiner Ausbilder unter den Arbeitern und Lehrlingen sehr unbeliebt. Er musste viel an Ablehnung, dummen Sprüchen und Verachtung einstecken. Deshalb machte ich es mir zur Gewohnheit, immer freitags nach dem Aufräumen auf diesen Ausbilder zuzugehen, ihm die Hand zu schütteln und ein schönes Wochenende zu wünschen. Ich blickte manchmal in fragende Augen hinein, die diese Geste der Versöhnung und Wertschätzung nicht einordnen konnten. Dieser wöchentliche Händedruck war keine grosse Sache, kostete jedoch dann und wann Überwindung. Dennoch brachte es mir an dieser Arbeitsstelle viel Gunst ein.

Gleichzeitig lehrte mich Gott, wie ich am schnellsten befördert werden könnte, Menschen verantwortlich zu führen – indem ich diene. In meiner Ausbildung meldete ich mich freiwillig, mehrere Jahre lang die Arbeitertoiletten zu putzen. In dem staubig-dreckigen Umfeld entwickelten sich die Toiletten zu einer sauberen Insel, die von allen gerne benutzt wurde. Ich duldete keine unsauberen Sprüche, reinigte die Wände von allen Perversitäten und etablierte eine WC-Ordnung, die zu meinem Erstaunen von allen akzeptiert wurde. Den Dreck und Staub fegte ich jeweils unter lautem Singen weg, sodass sich die Maschinisten «köstlich» ärgerten und sich ernstlich fragten, ob der junge Azubi wohl eine Macke hat. Sogar mein Ausbilder lobte die Sauberkeit «meiner» Toiletten …

Wir müssen die Chancen, die sich uns bieten, nutzen und das Maximum aus solchen Pharao-Beziehungen herausholen. Sie sind für **unser** Wachstum und zu **ihrem** Segen gedacht.

Wenn die Vergangenheit dich einholt

Wenn wir bereit sind, unsere Umstände zu akzeptieren, schaffen wir es manchmal, das Schlechte zum Guten zu wenden, auch wenn unser Herz noch nicht wirklich damit versöhnt ist. Die Namen von Josephs Söhnen, die ihm in Ägypten geboren wurden, drücken aus, welche Kämpfe sich in seinem Herzen wohl abgespielt haben müssen.

Seinen Erstgeborenen nannte er *Manasse*, «*... denn Gott hat mich all meine Mühsal und meines Vaters ganzes Haus vergessen lassen.*» (1. Mose 41, 51) Hatte Joseph wirklich alle seine Mühsal und seine Familie vergessen? Sind dir auch schon Menschen begegnet, die scheinbar alles besitzen, in einem geordneten Beziehungsumfeld leben, vielleicht sogar noch an Gott glauben und doch scheinbar ein Plakat um ihren Hals hängen haben, auf dem steht: *Suche meinen Traum.* Und darunter noch ein P.S.: *Aber keine Sorge, ich bin OK.?*

Seinen zweitgeborenen Sohn nannte er *Ephraim*,

«… denn Gott hat mich fruchtbar gemacht im Lande meines Elends.» (1. Mose 41,52) Trotz Macht, Ehre, sozialer Stellung, finanzieller Unabhängigkeiten und einer wunderbaren Familie bezeichnete Joseph Ägypten als **Land des Elends.** Was schlummerte wirklich in seinem Herzen? Wonach sehnte sich der Vizekönig?

Die Macht der ungesühnten Vergangenheit meldete sich beim ersten Besuch seiner Brüder laut und deutlich in Josephs Innerem. Mit dem Verdrängen ist das so eine Sache. Es scheint alles im grünen Bereich zu sein, bis gewisse Umstände und Begebenheiten diesen «blöden» Erinnerungsschalter aktivieren. Und prompt stösst das vermeintlich Verdaute sauer auf. Unverarbeitete Verletzungen, Vorkommnisse, die verdrängt wurden, Situationen, in denen man sich nicht vergeben hat – das alles kann heftige Reaktionen auslösen.

Begreiflich, dass Joseph seinen Brüdern nicht um den Hals fiel, als sie das erste Mal bei ihm vorsprachen, um für ihre hungernden Familien Korn zu kaufen. Begreiflich, dass er sie als Spione bezeichnete. Begreiflich gar, dass er sie drei Tage lang ins Gefängnis einsperrte und ihnen sogar mit Exekution drohte! Wir wollen uns für einen kurzen Moment diese Situation vor Augen führen: Als Joseph seine Brüder nach Jahren zum ersten Mal wiedersah, steckte er sie in das gleiche Gefängnis, in dem er vor über sieben Jahren selber geschmachtet hatte! Ungeheilte Verletzungen fügen dem anderen wieder ähnliche Wunden zu. Das bedeutet, dass ungeheilte innere Verletzungen unbewusst zu Waffen werden, die Menschen in unserem Umfeld oftmals genau an der Stelle verletzen, an der wir einst selber verletzt worden sind. Das Opfer wird somit wieder zum Täter. Ein Teufelskreis.

Was für Gedanken müssen wohl in diesen drei Tagen in Josephs Kopf abgegangen sein? Was für Selbstgespräche mag er geführt haben, während er ruhelos auf und ab ging? Was für Justizvollzüge mag er in schlaflosen Nächten gegen seine Brüder in Anbetracht seiner Vergangenheit ausgeführt haben? Wenn du innerlich mit gewissen Menschen immer wieder Streitgespräche und Rechtfertigungen durchargumentierst, ist das ein sicheres Zeichen dafür, dass du diese Menschen noch gefangen hältst – und zwar in demselben Gefängnis, in dem du mal drin warst! Das ist der schnellste Weg, sich selber Ketten anzulegen. Es gibt nur einen Weg aus diesem Teufelskreis heraus: ihnen vergeben, sie freigeben und sie ihres Weges ziehen lassen. Das folgende Gedicht beschreibt diesen inneren Kampf, der sich manchmal in unserer Gedankenwelt abspielt:

Alte Fäden

Alte Fäden, so dünn und unsichtbar
    − Und dennoch stark
Die Spinnweben der Vergangenheit
    − Das Fleisch geht gern dahin zurück

Klebrig, und dennoch attraktiv
Ranzig, und dennoch isst man weiter
Sauer stösst es einem auf
    − Ach, wie süss in den Gedanken!

Meine Seele in Rebellion
    − Das eingepflanzte Wort als feste Säule
Die Erfahrung schreit nach Rechtfertigung
    − Doch der Geist leuchtet den Ausweg aus

Schnittstelle − Wegkreuzung
Zwei Wege führen weiter
Der eine im Kreis, so gar endlos
Der andere zur echten Speise!

© Andreas Keller 1997

In Josephs Fall ging sein Ringen nicht einfach so schnell über die Bühne. Gott hatte etwas Grösseres im Blickfeld, als alle Beteiligten baldmöglichst wieder in die Normalität des Alltags zu entlassen. Was Joseph geholfen haben mag, die überraschende Situation einzuschätzen, ist ein kleiner Nebensatz mit grossen Auswirkungen: *«Da gedachte Joseph der Träume, die er von ihnen geträumt hatte.»* (1. Mose 42, 9) Diese Träume, die er vor mehr als 20 Jahren geträumt hatte, (vergl. 1. Mose 37, 6-9) schienen sich vor seinen Augen zu erfüllen und als absolut wahr und zuverlässig zu erweisen! Es war wie ein Déjà-vu-Erlebnis! Er befand sich also nach all diesen Jahren zur richtigen Zeit am richtigen Ort. Somit wusste er, dass es um mehr ging, als seine Brüder mit Nahrungsmitteln zu versorgen und sie möglichst schnell wieder aus den Augen zu verlieren. Es ging um die Zuwendung der Herzen, es ging darum, dass seine Familie in eine Wiederherstellung kommen und mit ihm zusammen in die verheissene Zukunft gehen sollte, es ging um das Überleben einer ganzen Nation. Wie sollte das nur geschehen?

Innerlich noch aufgewühlt, stellte Joseph als Erstes ihre Aufrichtigkeit auf die Probe. In den drei Tagen «Time-out» hatte Gott ihm eine Strategie gegeben, wie er die Vertrauenswürdigkeit seiner Brüder testen konnte: *«Bringt euren jüngsten Bruder zu mir, dass eure Worte sich als wahr erweisen und ihr nicht sterben müsset.»* (1. Mose 42, 20) Den Test an seinen Brüdern verband Joseph mit einem tiefen Herzenswunsch: Er wollte seinen jüngeren Bruder Benjamin wiedersehen, seinen Babybruder, der unter dem gleichen Mutterherzen wie er hatte heranwachsen dürfen und zu dem er dadurch eine spezielle Beziehung hatte. Ist es nicht auch heute so, dass Menschen die ganze Welt absuchen und alle Hebel in Bewegung setzen, um wieder mit ihrem eigenen Fleisch und Blut vereint zu sein – oder zumindest nur einen Blick auf das verloren Geglaubte zu erhaschen?

Josephs Anweisung löste direkt vor seinen Augen und Ohren einen lauten Streit unter seinen Brüdern aus, die sich ihr Vergehen an Joseph in Erinnerung riefen und dabei gegenseitig die Schuld gaben. Die Konsequenzen ihres lange zurückliegenden Bruderopfers schienen sie nun endgültig eingeholt zu haben. Joseph, der ja Hebräisch verstand, wurde so Zeuge ihres Schuldbekenntnisses, obwohl die Brüder davon nichts wussten. Das war Grund genug, dass der erste Damm der über die Jahre aufgestauten Gefühle endlich brechen durfte. Joseph ging und weinte im Verborgenen zum ersten Mal seinen Schmerz hinaus!

Frei von Schmerz und Anklage

Auch ich musste mich früher oder später dem Schmerz
und der Anklage stellen, die aufgrund des mir und meiner Familie zugefügten Leids in meinem Herzen Fuss
gefasst hatten. Sobald als möglich hatte ich mich nach
meiner Volljährigkeit entschlossen, aus dem Haus und
vor allem aus dem belasteten Umfeld zu gehen. Möglichst weit weg von einer Kirchenkuppel, den unbe-
quemen Holzbänken und einer Umgebung, wo mich
alle als «Sohn des» kannten und ständig meine Handlungen mit Argusaugen beobachteten. Ich begann eine
Jüngerschaftsschule auf einem internationalen Spital-
schiff und wurde mit fünf weiteren Schicksalsgenossen
in eine enge Kajüte gepfercht. Ich kann mich noch gut
an das erste Telefongespräch nach Hause erinnern. Ich
hatte meinen Vater am Hörer und war den Tränen
nahe:

«Vater», erzählte ich ihm, «ich lebe hier mit 300
Menschen auf engstem Raum über fünf Decks verteilt.
Sie kommen aus 32 verschiedenen Kirchen und christlichen Strömungen – und bis jetzt habe ich kein einziges Wort oder einen Streit über eine andere Glau-
bensauffassung gehört!» Ich schluchzte laut. «Und
dann», fuhr ich fort, «besuchte ich viele Kirchen und

Gemeinden, wann immer wir an Land anlegten. Ich sah da Spaltungen, Neid und Eifersucht.» Die Tränen strömten. «Ich hörte Gott, wie er zu mir sprach: ‹Eines Tages werde ich dich dazu gebrauchen, Heilung und Versöhnung in diese Gemeinden und Denominationen zu bringen.›» Man stelle sich vor: Nach vielen Jahren in diesem belasteten Gemeindeumfeld, versuchte ich endlich etwas Ruhe und Abstand von der ganzen «Kirchensache» zu bekommen, und prompt wurde ich wieder damit konfrontiert. Es war schwer, das gerade Erlebte auf die Reihe zu kriegen. Gott schien nicht locker zu lassen.

Kurze Zeit später kam ein Gastreferent an Bord – ein jüngerer Mann, der in den USA mit seinem Vater in einem geistlichen Dienst stand. Ich hing an seinen Lippen. Eines Nachts klopfte ich vom Geist gedrängt an seine Kajütentür. «Darf ich hineinkommen? Ich muss Ihnen meine Geschichte erzählen.» Innerlich aufgewühlt legte ich ihm meine Gemeindeerinnerungen dar. «Du musst vergeben, Andreas.» Sein Blick ruhte verständnisvoll auf mir. «Allen Beteiligten – ohne Ausnahme.» Der Kampf tobte heftig in mir. «Du wirst eines Tages mit deinem Vater zusammenarbeiten», fuhr er fort. «Aber dafür müssen aus deinen Wunden Narben werden, sie müssen heil werden.»

Mit brennenden Augen schrieb ich in jener Nacht Briefe, viele Briefe. Briefe an die Kirchenpflege, an die politische Partei meines Wohnortes, an die Hasser unserer Familie … Ich gab meinen Gefühlen darin Ausdruck, schrieb von meinem Schmerz und meinem Unverständnis und endete jeweils mit einer ausdrücklichen Vergebung und dem Freilassen aus aller Anklage.

Am nächsten Morgen trat ich vor die Klasse. Es war Zeit, Nägel mit Köpfen zu machen. In kurzen Zügen erzählte ich meine Geschichte und erklärte, warum ich diese Briefe geschrieben hatte. «Und heute möchte ich vor euch als Zeugen bestätigen», sagte ich, «dass ich allen Beteiligten in dieser Sache vergebe und ihnen nichts mehr ankreide. Die Schuldbriefe sind zerrissen.» Ich zerriss die Briefe, öffnete das Bullauge und warf die Papierschnitzel unter dem Jubel der Klasse in die schottische Hochsee hinaus. Ein Durchbruch mit Freuden! Gott heilte dadurch mein Herz, und ich war wieder frei zu lieben!

KAPITEL 4

Versöhnung und Wiederherstellung

Familiendrama um Benjamin

Zwar noch nicht ausgesöhnt, aber mit Simeon als Pfand in seiner Hand, schickte Joseph die Brüder wieder in ihre Heimat zurück, wo sie Vater Jakob von ihren Erlebnissen berichteten. Sie wollten ihn überreden, Benjamin herzugeben, um mit ihm noch einmal vor Joseph treten zu können und so Simeon auszulösen. Doch Jakob blockierte. Keine Chance, dass er sich seine letzte grosse Liebe vom Herzen reissen würde. In dieser ausweglosen Situation wollte Ruben dem Vater sogar seine eigenen beiden Söhne als Garantie für die sichere Rückkehr Benjamins geben. Sollte der Versuch fehlschlagen, hätte er sie töten können. Was für ein Familiendrama! Es würde jeder TV-Soap den Rang ablaufen. Ein Ehemann in einem fernen Gefängnis, eine verwaiste Familie, unschuldige Enkelkinder in Lebensgefahr – und ein Patriarch, der den verzweifelten Bitten der Familie nicht einen Zentimeter nachgab.

Doch die besagte Hungersnot lastete schwer auf dem Land. Wenn der Hunger treibt, werden festgemachte Vorsätze schon einmal beiseite gelegt. Und so gab Jakob seinen Söhnen Befehl, wieder nach Ägypten aufzubrechen. Doch Benjamin war noch immer der springende Punkt. Dieses Mal sprang Juda in die Bresche und gab sich vor dem Angesicht des Vaters selbst als Bürge hin. Jakob gab nach. Mit Geschenken beladen und dem doppelten Betrag an Geld in den Taschen machte sich die Karawane wieder auf den Weg Richtung Süden. Kaum vorstellbar, was es für die zurückgebliebenen Sippen bedeutete, die Männer in eine so unsichere Zukunft zu verabschieden …

Bei ihrer Ankunft wurden sie von Josephs Haushalter in Empfang genommen und versorgt. Simeon wurde sofort aus dem Gefängnis freigelassen und ihnen zugeführt. In wenigen Stunden sollten sie vor

Joseph treten und mit ihm essen dürfen, hiess es. Die Spannung stieg. Als Joseph kam, schien er gedanklich abwesend zu sein. Er brachte gleich seine dringlichste Frage vor: *«Geht es eurem alten Vater wohl, von dem ihr erzählt habt? Ist er noch am Leben?»* (1. Mose 43, 27) Wohl darum stellte Jesus treffend fest: *«Denn wovon das Herz voll ist, davon redet der Mund.»* (Matthäus 12, 34) Mit gesenktem Blick hörte er sich die Neuigkeiten an. Seine Augen fielen auf Benjamin, seinen Bruder und den «Sohn des Glücks» seines Vaters: *«Ist das euer jüngster Bruder, von dem ihr mir erzählt habt? Gott sei dir gnädig, mein Sohn!»* (Vers 29) Seine Gefühle schienen zu explodieren. Die Nachricht, dass sein Vater noch am Leben sei, und der Anblick seines kleinen Bruders waren mehr, als er ertragen konnte. Schnell wandte er sich ab, ging in seine Kammer und weinte.

Dies war nun das zweite Mal, dass Joseph seinen Tränen freien Lauf liess, und nach diesem erneuten «Dammbruch» war er in der Lage, das Herz seiner Brüder zum letzten Mal zu prüfen. Ihr Versprechen gegenüber Joseph hatten sie gehalten, sie hatten das Liebste ihrer Familie auf die Waagschale gelegt, um den einen Bruder auszulösen. Das war eine offensichtliche Veränderung ihrer Herzen. Doch was würde passieren, wenn

nun ihr Charakter unter Bedrohung ihres Lebens ange-
zweifelt wird?

Der Silberbecher

Der Test von Joseph war denkbar einfach und genial.
Man veranstalte ein Fest, trinke mit seinen Brüdern, be-
schenke sie und gebe ihnen das benötigte Korn. Im
geeigneten Augenblick nehme man seinen eigenen Silberbecher, stecke ihn vor der Abreise heimlich in den
Getreidesack von Benjamin und lasse alle Brüder glück-
lich ziehen. Dann jage man ihnen nach und überführe
sie einer Missetat, die sie gar nicht begangen haben.
Und nun beobachten wir, wie sie darauf reagieren. Retten sie ihre eigene Haut oder geben sie ihr Leben hin
für den Nächsten?

Jesus Christus hat sehr viel später auch mal von
einem Becher gesprochen, den er seinen Jüngern zu
trinken gab. Ein Becher, aus dem er trank und aus
dem er weissagte, so wie es Joseph zu tun pflegte (s.
1. Mose 44, 5). In Matthäus 20, 20-28 lesen wir, dass
zwei seiner Jünger eine besonders einflussreiche Positi-
on im Himmel haben wollten und diese Bitte – mutig
wie sie waren – durch den Mund ihrer Mutter vortru-

gen. Grösser und besser als die anderen wollten sie sein; wenn möglich gerade neben dem Chef persönlich zu sitzen kommen. Das war dicke Post! Im Evangelium von Lukas wird dieser Wunsch der Jünger mit dem Titel «Rangstreit unter den Jüngern» aufgeführt. Hand aufs Herz – erstaunt uns diese Diskussion? Wir erinnern uns, dass es die Eifersucht der Brüder war, wegen Josephs Nähe zum Vater, welche ihn in den Brunnenschacht und dann nach Ägypten brachte.

Interessanterweise wies Jesus die zwei Jünger wegen ihrer unerhörten Bitte nicht zurecht. Er stellte ihnen lediglich eine Frage: *«Könnt ihr aus dem Becher trinken, den ich trinken werde?»* (Matthäus 20,22) In anderen Worten: Seid ihr bereit, für dieses Privileg auch die Konsequenzen auf euch zu nehmen? Sie antworteten: *«Wir können es.»*

Machen wir uns nichts vor: Regieren im Reich Gottes, welches uns von Gott versprochen ist, kann nur, wer sich mit dem Preisschild dafür vertraut gemacht hat: *Gehorsam.* Oder einfach gesagt: *Ja, Gott!* Jesus Christus hat sich das Recht zur höchsten Regentschaft der Welt verdient, weil er wiederum den Kelch seines Vaters getrunken hat. Die Botschaft jenes Kelches war: Gib dein Leben hin als ein Opfer zur Erlösung aller, die das Angebot zum Leben annehmen wollen. Dort im

Garten Gethsemane betete Jesus: *«Lass diesen Kelch an mir vorübergehen! Doch nicht, was ich will, sondern was du willst.»* (Markus 14, 36) Indem Jesus Christus am Kreuz für unsere Sünden starb und so der Bitte seines Vaters nachkam, ebnete er einem jeden den Weg zurück zum Vaterherz Gottes.

Somit können wir Josephs Silberbecher als eine kraftvolle prophetische Botschaft an die Herzen seiner Brüder deuten: Seid ihr bereit, Rangstreit und Eifersucht unter euch beizulegen und im Gehorsam gegenüber Gott seine Wege zu gehen, sodass er euch mehr Verantwortung, ja Regierungsautorität, in seinem Reich anvertrauen kann? Dann ist euch sein Segen, aber auch meine Wiederherstellung und Annahme gewiss.

Gott sein Leben anvertrauen

Als der Becher dann bei Benjamin gefunden wurde, standen sie wie ein Rudel begossener Pudel vor Joseph, dem König. Bezeichnenderweise sagte Juda: *«Was sollen wir meinem Herrn sagen? Wie sollen wir reden und womit uns rechtfertigen? Gott hat die Schuld deiner Knechte an den Tag gebracht. Siehe, wir sind meines Herrn Knechte, wir sowohl als der, bei dem sich der Becher gefunden hat.»* (1. Mose 44,16) Es war die totale Überführung!

Vielleicht bist du dir in deinem Herzen noch nicht sicher, ob du dein Leben schon einmal richtig Gott anvertraut hast. Ich kann dir versichern: Wenn du dir deiner Schuld bewusst bist, wenn du dich und deine Taten nicht mehr rechtfertigen kannst und willst, und wenn du bereit bist, in den Dienst des Königs Jesus Christus zu treten − und ihm dies auch so gesagt hast −, dann, liebe Leserin, lieber Leser, kannst du gewiss sein, dass dein Leben diesem König gehört. Der König schaut nicht auf die perfekten Worte, er schaut auf dein Herz!

In unserer Geschichte gab sich Joseph nicht mit einem Schuldbekenntnis seiner Brüder zufrieden. Wie stand es mit ihrer Bereitschaft, nicht nur ihm als König zu dienen, sondern ihr Leben für ihren Bruder zu geben? Würden sie auch um ihres Vaters willen, der zu Hause sehnsüchtig auf Benjamin wartete, ihr eigenes Leben aufs Spiel setzen? Er wollte sie testen, ob sie bereit waren, der Busse Taten folgen zu lassen.

An dieser Stelle machte Juda den Mund auf und legte Joseph alles dar: den Kummer ihres Vaters über seine Söhne und das Versprechen der Brüder, Benjamin wohlbehalten zurückzubringen. Nie würden sie ohne Benjamin vor ihren Vater treten können. Juda bot sich

anstelle von Benjamin als Sklave an, um das Leben von
Benjamin vom König und das Leben seines Vaters von
der Macht des Schmerzes und des Grams erwirken zu
können. Dieser einst so stolze Juda, der in der Vergangenheit seinen eigenen Leib einer vermeintlichen Dirne
für ein Ziegenböcklein hingab (1. Mose 38), war nun
bereit, sein ganzes Leben in die Hände dieses fremden
Herrschers als Lösegeld für den jüngeren Bruder zu geben. Das ist Liebe. Das ist Hingabe. Das ist Zerbrochenheit. *«Grössere Liebe hat niemand als die, dass einer
sein Leben hingibt für seine Freunde»*, hat Jesus gesagt (Johannes 15,13). Die Herzen der Brüder waren
nun bereit, von ihren alten und verkorksten Wegen be-
freit zu werden. Zeit also, den Vorhang zum letzten Akt
zu heben.

Die Botschaft der Tränen

Bis jetzt gab es in unserer Geschichte viele Zeugen und
Zuschauer. Manche im Hause Josephs mögen sich gefragt haben, was der Unterkönig ständig mit diesen
sonderlichen Hebräern am Hut hatte. Warum diese Ge-
heimniskrämerei, warum dieser spezielle Umgang, diese Banketts mit genauer Sitzordnung, dieses Getue um

einen jungen Mann und einen alten Vater – und dann noch diese ominösen Handlungen mit Geld und Silberbecher?!

Es gibt eine Zeit fürs Zuschauen und eine Zeit fürs Wegtreten. Wenn's um den Kern der eigenen Familie geht, haben Zuschauer, und wenn sie noch so treue Diener sind, keine Tribünenplätze mehr. Wenn Herzen offenbar werden, ist das heiliger Boden, auf dem die Neugierde ihre Schuhe ausziehen und den Raum verlassen muss.

Von Joseph heisst es an dieser Stelle: *«Er weinte laut.»* (1. Mose 45, 2) Sogar so laut, dass es durch die Wände seines Hauses bis draussen an die Ohren der Ägypter drang – «Zaphnath-Paneah weint! Der Retter unserer Welt weint!» Es war ein Weinen ihnen zum Zeugnis und den Brüdern zur Offenbarung, so wie Jesus einmal über den Steinen der Stadt Jerusalem weinte und über ihr ausrief: *«Wenn doch auch du an diesem Tag erkannt hättest, was zu deinem Frieden dient! Jetzt aber ist es vor deinen Augen verborgen.»* (Lukas 19, 42) Ich ziehe an dieser Stelle eine bewusste Parallele zwischen Jesus Christus und Joseph, denn ich denke, dass Joseph hier als Versöhner und Erretter eines ganzen Volkes ein Abbild und ein prophetischer Vorläufer von Christus war. Retter weinen über das, was sie erretten. Gerechte Tränen sind wie Seilwinden, die Menschen und Umstände aus der Finsternis ans Licht, aus der Bedrängnis in die Freiheit und aus dem Tod ins Leben hinaufziehen. Wenn Retter weinen, schreien die Steine mit und ebnen den Weg, Gottes Wesen zu erkennen: *«Ich bin Joseph … Darum hat mich Gott vor euch her gesandt, um euch Nachkommenschaft zu sichern und von euch viele zu retten und am Leben zu erhalten.»* (1. Mose 45, 3+7)

Hören wir den Ruf Gottes im Bekenntnis des Joseph, welches brandaktuell in unser Zeitgeschehen hineinspricht? Hören wir den Willen Gottes, der wünscht, dass niemand verloren geht, sondern dass alle die Wahrheit erkennen sollen? Hören wir Gottes bedingungsloses Ja zu einem Leben, welches einer fruchtbaren Zukunft entgegenblickt? Jesus Christus wurde zu diesem Ruf Gottes an die Menschheit, so wie Joseph sich an seine Brüder wandte, um ihnen die Vergebung für ihre Vergangenheit und die Botschaft des Lebens mitzuteilen.

Die Sehnsucht Gottes bekam Haut, Fleisch und Knochen und wurde in Bethlehem in einem Stall geboren. Die Leidenschaft Gottes, seine Geschöpfe nicht irgendeinem Nirwana der eigenen Verlorenheit und Selbstzerstörung zu überlassen, liess seinen eingeborenen, unschuldigen Sohn durch die Hölle und ins Grab gehen, damit viele Leben errettet würden.

Die wenigsten Menschen können sich einen Gott der Tränen vorstellen. Angesichts der vielen Katastrophen in der Welt, der Kriege und des Hungers ist es leichter, einen Gott «der kalten Schulter» oder einen Gott der Rache zu karikieren. Aber der Sohn Gottes, Jesus Christus, offenbart sich seinen Mitbrüdern – den Gläubigen – als ein König der Tränen, der sich von ganzem Herzen nach Gemeinschaft mit ihnen sehnt und mit ihnen leidet.

Die Botschaft des Lebens

Joseph – in diesem Sinne selbst ein Gestorbener und von den Toten Auferstandener – weinte an den Hälsen seiner Brüder, küsste sie alle, sprach ihnen den Trost und die Vergebung ihrer Vergehen zu und gab ihnen eine Vision und einen Auftrag für ihren nächsten Wegabschnitt: Geht und berichtet, was euch widerfahren ist. Der Sohn ist zu Ehren gekommen – und nun kommt, kommt alle in mein Haus, «... *im Lande Gosen sollt ihr wohnen und nahe bei mir sein, du und deine Kinder und deine Kindeskinder samt deinen Schafen und Rindern und allem, was dein ist. Ich will daselbst für dich sorgen.»* (1. Mose 45,10-11)

Die Erlösung aus Schuld und Not ist eine feine Sache; errettet zu sein ist eine wunderbare Angelegenheit – doch das ist erst der Anfang einer gewaltigen Reise. Wenn wir unser Leben dem König geben, kommen wir in den Einflussbereich seines Königreiches. Gott erlöst uns nicht, damit wir anschliessend in unsere alten Umstände zurückgehen; sondern unsere Umstände sollen unter den Einfluss des Königs kommen! Er sorgt sich darum.

Der ganze Hausstand von Jakob musste mit – inklusive aller Tiere. Auch ihre berufliche Tätigkeit wurde nicht unter den Teppich gekehrt. Gott erlöst uns nicht, damit wir uns aus der Welt ausklinken und selbstzentriert werden. Er liebt die ganze Welt, er ist für sie gestorben – darum der Auftrag: Geht, erzählt und bringt alle her in mein Haus! Das erinnert an den Missionsbefehl Jesu an seine Jünger: Geht hin in alle Welt und erzählt – ja was? – *die gute Nachricht*, dass der Sohn Gottes sich für uns hingegeben hat, auferstanden ist und für immer lebt. Dadurch hat er die Macht der Krankheit und des Todes besiegt, und unser Leben erhält durch ihn Heilung und Befreiung. Diejenigen, die ihn zu ihrem Vertrauten machen, werden mit allem versorgt werden, was sie zum Leben brauchen. Wenn das keine gute Nachricht ist!

Der Plan zur Errettung

Als kleiner Junge bekam ich einen Zirkel und ein Geo-Dreieck geschenkt. Damals war ich zu jung, um zu verstehen, wie man diese Dinge fach- und zweckgemäss einsetzt. Eines Tages jedoch setzte ich mich mit einem weissen Blatt Papier und den beiden Werkzeugen sowie einem Lineal vor das Studierzimmer meines Vaters und fing an zu zeichnen. Mein Thema für die Zeichnung war *«Gott und die Menschen»*. Wir waren als Familie von einem beschaulichen und sicheren Kleinstädtchen des Zürcher Oberlandes in die Grossstadtwüste Frankfurt am Main gezogen. Dort sah ich zum ersten Mal verwahrloste Menschen, alkoholisierte und zerzauste Stadtstreicher und ganze Strassenzüge von Ausländern und Zeitungsverkäufern, die ihr Dasein auf den Strassen und Plätzen fristeten. Wie viele Male standen diese Menschen an unserer Haustür und baten um Hilfe. Ihr Anblick, ihre Bitten und ihre Not sind wohl für immer in meinem Herzen eingegraben.

So zeichnete ich Gottes Kraft und Liebe, die auf

uns Menschen kam, die Gott ihr Leben anvertraut hatten. Von dort aus wurden wir hinausgeschickt zu den Menschen und Nationen, die von der Liebe Gottes noch nichts gehört hatten. Auch das zeichnete ich aufs Papier. Eine Strategie war in meinem Herzen geboren, auf die ich besonders stolz war. Gewichtig, wie ich mich als kleiner Knirps fühlte, trug ich sie sogleich meinem Vater vor. Erst später realisierte ich, dass ich ja nichts anderes als den Missionsbefehl von Jesus aufgezeichnet hatte.

Nach mehr als 20 Jahren habe ich die Zeichnung wieder in der Dachkammer entdeckt. Ich musste lächeln. Seither hängt die Skizze in meinem Büro – zur Erinnerung und als Zeugnis. Ich bitte den Vater immer wieder, dass die Vision und die Umsetzung des «Errettungsplanes» in meinem Herzen lebendig bleiben.

Wir erkennen dieses Herz Gottes auch in unserer Josephgeschichte. Trotz Fremdherrschaft und Hungersnot hatte Gott einen Plan, wie er sein Volk erretten und zu einer Nation formen wollte. Sein Wunsch war, dass er unter seinem Volk wohnen konnte und dass sein auserwähltes Volk zum Segen für alle Völker werden würde. Genauso ist es in der heutigen Zeit. Gott gibt sich nicht mit der Ausgabe von Freikarten in den Himmel zufrieden, sondern er hat einen Plan zur Errettung und Wiederherstellung dieser Welt, in die er zurückkommen wird. Und dazu will er dich und mich gebrauchen.

Eine Strategie, wie Gott das bewerkstelligen möchte, ist die Versöhnung der Generationen. Darum ging es Joseph, als er seinen Brüdern bezüglich seines Vaters Anweisung gab.

KAPITEL 5

Gemeinsam in Ägypten dienen

Sehnsucht nach Vater Jakob

Hineingewoben in diese wunderbare Botschaft der Versöhnung ist Josephs tiefste Sehnsucht nach dem Vater. *«Ich bin Joseph! Lebt mein Vater noch?»* (1. Mose 45, 3)

Hatte Joseph sie nicht gestern schon nach dem Vater gefragt? Hatten die Brüder ihm nicht erzählt, *«… es geht deinem Knechte, unserem Vater, wohl; er ist noch am Leben.»* (1. Mose 43, 28) Warum dieses ständige Fragen? Joseph schien verzweifelt zu sein: Ja, ich habe meine Brüder wieder, ich habe Benjamin wieder. Seht, ich bin es! Ich lebe und lasse euch leben, ich bin zu Ehren gekommen und werde euch ehren, aber …

Lebt mein Vater noch, der mich damals ohne Mutter ins Leben entlassen hat?

Lebt mein Vater noch, der mich trotz aller Schmerzen seinen Liebling nannte?

Lebt mein Vater noch, der meine Worte und Träume in seinem Herzen bewahrte, während alle anderen mich in den Dreck zogen?

Lebt mein Vater noch, der mich immer aus dem Geist heraus und nicht durch besserwisserische Argumente verstanden hat?

Lebt mein Vater noch, der mich trotz meiner Unreife mit dem Mantel der Würde gesegnet hat, die ich in allen Prüfungen und Anfeindungen nie verlor?

Lebt mein Vater noch, der mir mehr bedeutet als alle Ersatzväter der Welt?

Lebt mein Vater noch, der mich immer aufgrund meiner selbst und nicht aufgrund meiner Leistung geliebt hat?

Lebt mein Vater noch, den ich nie vergessen konnte und an dem meine Seele hängt?

Der Wunsch nach wahrer Vater- und Mutterschaft hat die junge Generation erreicht und wird sich in ei-

nen kraftvollen Ruf verwandeln. Landauf, landab –
überall gibt es fähige, begabte Söhne und Töchter. Sie
haben Erfolg und Talent, eindrückliche Begabungen
und Referenzen. Sie kennen ihre Stärken und Gaben –
und dennoch nagt an ihnen die Frage der eigenen
Identität. Sie sind in der ganzen Welt zu Hause und
haben doch kein Daheim. Sie haben viele Freunde und
werden im entscheidenden Moment doch alleine gelassen. Der Geist Gottes ist dabei, eine tiefe Sehnsucht in
ihre Herzen zu pflanzen, die in einer einfachen Bitte
ihren Ausdruck findet: *«… du sollst nahe bei mir sein.»*
(1. Mose 45,10) Dies ist nicht ein abgeklärter, rationaler
Wunsch der jungen Generation für etwas mehr Segen
im Leben, sondern es ist die geniale Idee Gottes – eine
Schöpfung von ihm –, die er sich ausgedacht hat um
das Wohl unserer Länder willen.

Einige junge Menschen mögen mir nun sagen:
«Andreas, schön und gut! Sicher habe ich diese Sehnsucht in meinem Herzen, aber ich habe keine solchen
Eltern, an die ich diese Bitte richten kann. Sie würden
das nicht verstehen.» Weisst du, dein Wunsch gilt nicht
nur deinen leiblichen Eltern, sondern besonders auch
den geistlichen Vätern und Müttern in unseren Ländern.

Jesus hatte Eltern aus Fleisch und Blut, seine Mut-

ter Maria und seinen Vater Joseph. Er diente ihnen, war
ihnen treu, und es heisst sogar, dass *«er ihnen unter-*
tan war» (Lukas 2,51), d. h. er gehorchte ihnen und
fügte sich in die Familie ein. Doch einige Jahre später
geschah etwas Erstaunliches in Bezug auf seine leibliche Familie. Der Evangelist Matthäus berichtet, wie
seine Mutter und seine Brüder vor dem Haus standen
und mit ihm reden wollten. Wahrscheinlich nach guter
alter Familienmanier: «Sohnemann, Brüderchen, komm
heraus! Wir müssen ein Wörtchen mit dir reden!» Doch
Jesus schaute in die Runde und antwortete dem Über-
bringer dieser Nachricht: *«Wer ist meine Mutter, und*
wer sind meine Brüder? Und er streckte seine Hand
aus über seine Jünger und sprach: Siehe, das sind
meine Mutter und meine Brüder! Denn wer den Wil-
len meines Vaters in den Himmeln tut, der ist mir
Bruder und Schwester und Mutter.» (Matthäus 12,
48-50) Jesus fügte also seiner natürlichen Familie einen
geistlichen Familien- und Freundeskreis hinzu! Und so
verhält es sich doch auch mit dir: Gott fügt deinem Leben eine geistliche Familie und eine geistliche Vater-
und Mutterschaft hinzu. Sie sind eine Ergänzung und
keine Konkurrenz zu unseren bestehenden Familien.
Obwohl ich beispielsweise einen genialen leiblichen
Vater habe, schenkte mir Gott zu verschiedenen Zeiten

geistliche Väter, die andere Bereiche meines Lebens förderten.

Für solche, die gar keine Eltern mehr haben oder – aus was für Gründen auch immer – keine Beziehung zu ihren Eltern haben (können), möchte Gott ganz besonders sorgen. Ich kann nicht aufzählen, wie vielen verwaisten Menschen meine Mutter und mein Vater zu Eltern wurden. Augenzwinkernd kann ich heute sagen, dass ich wohl mit einem ganzen Haufen von Brüdern und Schwestern aufgewachsen bin …

Folgendes mag sich auch Joseph gedacht haben: *Wenn dem so ist und wenn mein Vater noch am Leben ist, dann vereint mich mit ihm, dann will ich ihn in meinem Wirkungsfeld haben – nahe an meinem Ort der Bewährung.*

Der Wunsch des Pharao

Erstaunlicherweise kam der Befehl zur Überführung von Josephs Familie nach Ägypten von Pharao. Er gab Weisung bezüglich der Wagen, die die ganzen Sippen ins Land bringen sollten. Es war *sein* Befehl, dass Ägypten dem Volk Gottes das beste Land anbieten und das «Fett des Landes» zu essen geben sollte. Es richtete ihnen sogar aus, dass sie sich nicht um ihren alten Hausrat kümmern müssten; es würde ihnen alles reichlich zurückerstattet werden. Und es war sein *ausdrücklicher Wunsch*, dass der Vater von Joseph an allem Anteil hatte: *«Nehmt euren Vater und eure Familien und kommt zu mir ... Nehmt euch aus Ägypten Wagen für eure Kinder und Frauen und bringt euren Vater hierher.»* (1. Mose 45, 18+19)

Pharao wusste sehr wohl, was er da tat. Es waren Hebräer, die er einlud, vom Fett des Landes zu essen. Und zwar von dem Fett, welches sein eigenes Volk zur Zeit der grossen Hungersnot bitter nötig hatte. Diese Schafhirten wurden von den Ägyptern als Abschaum angesehen; mit ihnen durfte man nicht einmal essen. Damit hätte man sich noch arrangieren können – doch der Pharao liess sich noch auf etwas viel Gefährlicheres ein: *Mit diesem Volk kam auch ihr Gott!*

Wir sollten nicht erstaunt sein, wenn Herrscher dieser Welt Christen in ihrer Nähe haben wollen. Wir erleben das bereits! Unser Augenmerk ist oftmals auf antichristliche Regierungen gerichtet und den Schaden, den sie der Gemeinde Jesu antun können (in verschiedenen Ländern durchaus auch tun). Aber ein Zeichen des apostolischen Zeitalters (das ist der letzte Zeitabschnitt vor der Wiederkehr von Jesus Christus, in der

Gott seine weltweite Kirche mit einer besonderen Autorität und Vollmacht ausstatten wird) ist, dass Christen ernst gemeinte Einladungen bekommen werden, in einem bedürftigen Umfeld ihr *Gosen* aufzubauen.

Dies wird nicht geschehen, weil wir so besonders gut sind, sondern weil unser Umfeld an dem unerklärlichen Segen um uns und an der Autorität in uns Anteil nehmen möchte. Pharao verstand dieses Konzept sehr genau. Wo ein Bund mit diesem Gott vorliegt, ist Segen – so wie Pharao es über die Jahre bei Joseph erleben konnte. Und er wusste: Mit dem Vater Jakob kam Gottes Bund mitsamt den Verheissungen Gottes in sein Land hinein. Jetzt streckte er sich nach dem Segen des Trägers der Verheissung aus: «Gott mit uns!» Er sollte nicht enttäuscht werden.

Der Mut eines Vaters

Ist es nicht interessant, dass Gott den *Vater* nochmals aufbrechen liess? Voller Freude erstatteten die Brüder ihrem Vater Bericht über die Ereignisse, die sich förmlich überschlugen: Joseph lebt! Er ist der Herr über ganz Ägypten! – *«Aber sein Herz blieb kalt»*, heisst es (1. Mose 45, 26). Erst als er zum Beweis die Wagen aus

Ägypten sah, lebte der Geist in ihm auf und er sagte: *«Ich will hin und ihn sehen, ehe ich sterbe.»* (Vers 28)

Es sind nicht die tollen Berichte, die die Herzen der Väter und Mütter zum Aufbrechen bewegen. Ihr ganzes Leben lang haben sie Berichte gehört, Werke und Dienste kommen und gehen sehen. Was sie überzeugt, sind weder Vorträge noch Meinungen, noch gegenwärtige Trends, sondern handfeste Zeichen der Bereitschaft von Söhnen und Töchtern, die sich in Richtung der Väter und Mütter in Bewegung setzen.

Wenn Väter und Mütter nochmals aufbrechen, verdienen sie unseren grössten Respekt. Sie gehen in vielerlei Hinsicht ein grösseres Wagnis ein und werfen mehr in die Waagschale als viele junge Draufgänger, die ihr Leben noch vor sich haben. Die Zusammenarbeit mit meinem Vater ist manchmal nicht nur für mich, sondern auch für ihn eine Herausforderung. Es ist oft einfacher, sich nur mit den Menschen zu umgeben oder mit der Generation zusammenzuarbeiten, die genau gleich tickt.

Mein Vater rutscht jeweils etwas unbehaglich auf dem Stuhl hin und her, wenn ich eine Kollekte einsammle oder einen Vertrag aushandle. Er würde es anders machen – und doch lässt er mich ran. Er kommt mir entgegen, ist aus alten Gewohnheiten und jahrzehntelangen Erfahrungen aufgebrochen und bereit, zusammen mit mir neues Land zu betreten.

Wenn Väter und Mütter aufbrechen, um ihren Kindern wieder zu begegnen, tun sie das aus einer Zerbrochenheit heraus, mit Furcht und Zittern, weil sie genau wissen, dass nur Gott das Wunder der gegenseitigen Herzenszuwendung bewirken kann. Sich in diese Richtung zu bewegen, bedeutet Opfer. Nicht verwunderlich, dass Jakob darum bei seinem Aufbruch «dem Gott seines Vaters Isaak» in **Beerseba** Opfer darbrachte (1. Mose 46,1), um sein Herz diesem Gott der Generationen zu schenken − mitsamt seinen Ängsten und den Fragen hinsichtlich all der Verheissungen, die in seinem Leben noch auf Erfüllung warteten.

Und dann geschah etwas Wunderbares. Gott hörte auf sein Gebet. Er wusste um die tiefe innere Not dieses Vaters. Er wusste, dass es dem Jakob um viel mehr ging als nur um ein schönes Wiedersehen mit seinem Sohn. Gott wusste, was auf dem Spiel stand, als er Jakob anwies, *den Platz seiner Verheissung zu verlassen und sich in ein ihm fremdes Land aufzumachen*. Und gleichzeitig wusste Jakob tief im Herzen, dass in seinem Aufbruch ein Schlüssel verborgen war, der ihn in seine eigentliche Bestimmung hineinführen würde.

Ich denke, dass der Geist Gottes diese Botschaft

zurzeit vielen Vätern und Müttern ins Herz legt. Obwohl sie ihr von Gott zugewiesenes Land eingenommen haben und auf ihr Lebens**werk** zurückblicken können, verspüren doch viele das Drängen Gottes, nochmals aufzubrechen und im geistlichen Sinne ihr ganzes Erbe einzunehmen, auch wenn sie noch nicht wissen, was auf sie zukommt. Wenn dieser Entschluss einmal steht, gibt es kein Zurück mehr. Gott wird den Aufbruch bestätigen und auf ihr «Beerseba-Opfer» antworten. Hier lesen wir, was Gott Jakob in einer nächtlichen Erscheinung daraufhin antwortete:

«Ich bin Gott, der Gott deines Vaters. Fürchte dich nicht, nach Ägypten hinabzuziehen; denn ich will dich dort zu einem grossen Volke machen. Ich selber ziehe mit dir hinab nach Ägypten, und ich werde dich auch wieder heraufführen, und Joseph soll dir die Augen zudrücken.» (1. Mose 46,3-4)

Das ist Gottes Antwort auf den Mut Jakobs! Das sind Gottes Verheissungen auf das Ja eines Vaters, der sich auf ein solches Wagnis und Abenteuer einlässt. Nun denn, lassen wir die Wagen mit ihrer kostbaren Fracht Richtung Ägypten ziehen.

Im Vorhof der Versöhnung

Kaum rollen die Wagen ins Land Gosen ein, lässt Joseph seinen Wagen anspannen, um seinem Vater entgegenzuziehen. Es ist ein Bild dafür, dass sich beide Generationen mit ihren Wagen, oder sollen wir sagen: mit ihren Diensten, aufeinander zu bewegen müssen, um das fruchtbare Land in Besitz zu nehmen. Jakob ergriff die Initiative und machte sich auf den Weg. Aber auch Joseph machte sich auf, um den willkommen zu heissen, der die grössere Weisheit und Weitsicht besass.

Beide verlassen ihre angestammten Plätze, um sich in dem verheissenen Land zu treffen. Es ist schön, wenn Väter und Mütter in die schallisolierten Jugendkeller kommen und sich an die Bar setzen. Doch es ist nicht (mehr) ihre Welt! Es ist auch wunderbar, wenn junge Menschen in die Dienste ihrer Eltern reinschauen und sich verhalten (müssen), als wären sie plötzlich 20 Jahre älter. Doch es ist (noch) nicht ihre Welt! Aus diesem Konflikt heraus werden oftmals Strukturen geschaffen, die beiden Seiten Rechnung tragen sollen. Während über die Jahre viele Experimente diesbezüglich gemacht worden sind, und sich auch einige solche Versuche etabliert haben mögen, sind Annäherungen

dieser Art erst wie der Vorhof zu einer innigen Gemeinschaft hinter dem Vorhang, die aus dem Geist entsteht
und gelebt wird.

Als sich Joseph und Jakob nach all den Jahren
endlich von Angesicht zu Angesicht sahen, *«fiel Joseph
ihm um den Hals und weinte lange an seinem Halse».* Und Jakob sprach zu Joseph: *«Jetzt will ich gerne
sterben, nachdem ich dein Angesicht geschaut und
gesehen habe, dass du noch am Leben bist.»* (1. Mose
46, 29-30)

Begegnungen dieser Art zwischen Eltern und Kindern, ob es die leiblichen oder geistlichen Eltern bzw.
Kinder sind, finden landauf, landab in vielen Veranstal-
tungen statt. Eine verwaiste Generation findet ihre Eltern wieder, und einsame Eltern nehmen nach Jahren
ihre Kinder in den Arm. Sie fallen sich um den Hals und
weinen, lassen den ganzen Schmerz der verlorenen
Jahre los, geben den Tränen des Versagens und der
vergangenen Fehler freien Lauf. Und dann freuen sie
sich miteinander auf den gemeinsamen Neuanfang. Es
ist eine wunderbare Gnade Gottes, wenn so eine Begegnung stattfinden kann. Und es ist eine Neuschöp-
fung, über die man jubeln soll — aber in diesem Sinne,
wie wir es nun in der Geschichte erforschen, ist es erst
der *Vorhof* zu ihrer eigentlichen gemeinsamen Bestim-

mung! Freuen wir uns über alle Begegnungen und Umarmungen (Luftsprünge sind erwünscht!), aber bleiben wir dort nicht stehen. Solch ein wunderbares Wiedersehen ist erst der erste Tag im verheissenen Land!

Viele junge Menschen freuen sich ausgelassen über die Tatsache, dass sie ihre Eltern auf eine andere Art und Weise «wieder haben». Nicht so wie früher, sondern anders. Ja, vielleicht sogar ein bisschen besser. Schliesslich ist man schon (fast) erwachsen und braucht eine andere Art von Input ... Und viele Eltern sind zutiefst dankbar über ein solches Geschenk der Wiedervereinigung der Herzen – ein Geschenk, für das sie viele Jahre gebetet haben. «So könnte es bleiben, das ist das Ziel», mögen manche Eltern denken. Vater Jakob dachte auch so, als er zum ersten Mal seinen Sohn wieder umarmte. Ihm war gar nicht bewusst, dass Gott nochmals einen neuen Zeitabschnitt mit neuen Bestimmungen ins Leben rief. Lasst uns nun die Freudentränen abwischen und die nächsten Schritte gehen.

Die Ängste des Joseph

Wie aus dem Nichts packte Joseph eine Angst, ob Pharao wirklich seine Familie im Lande wohnen lassen würde. Er gab seinen Brüdern Anweisung, wie sie sich zu verhalten hatten, wenn er sie dem Pharao vorstellen würde. Sie sollten sich unbedingt als *Viehzüchter* vorstellen und nicht als Schafhirten (1. Mose 46, 31-34). Denn für die Ägypter war der Beruf eines Schafhirten ja ein absolutes Gräuel. Die Bezeichnung «Viehzüchter» würde garantieren, meinte Joseph, dass Pharao sie im Lande wohnen lassen würde.

Warum plötzlich diese irrationalen Ängste in Joseph? Hatte Pharao nicht höchstpersönlich eine Einladung ausgesprochen, dass seine Familie vom «Fett des Landes» essen und Ägypten ihnen das Beste geben sollte, was sie zu bieten hatten?

Dem Eintritt ins verheissene Land geht oftmals ein Kampf gegen irrationale Ängste vorher. Es ist eine der letzten Waffen des Feindes, solche unbegründeten Ängste in die Herzen von jungen Pionieren zu säen. «Was wenn …», oder «Bist du wirklich sicher, dass …», oder «Du spinnst. Das kann nie gut gehen …» Es gibt wohl kaum ein Bestreben, die Generationen zu verbinden, das nicht kurz danach von irrationalen Ängsten attackiert wird. Diese müssen wir überwinden. Der Kampf gegen solche Ängste war das eine. Das andere war, dass Joseph in dieser Situation eine unbewusste Erblast zu überwinden hatte, die sich bis dahin über

Generationen fortgepflanzt hatte und nun auch bei ihm zum Vorschein kam.

Es fing mit Josephs Urgrossvater Abraham an. Einst kam er mit seiner Frau Sarai aufgrund einer Hungersnot nach Ägypten. Aus Angst, dass man ihm seine Frau wegnehmen könnte, bezeichnete er sie fortan als seine Schwester. Und prompt geschah, wovor er sich gefürchtet hatte: Der Pharao holte sich seine als Schwester getarnte Frau in den Palast. Nur weil Gott übernatürlich eingriff, ging das Ganze nicht ins Auge (1. Mose 12, 10-20). Später wiederholt Abraham die ganze Geschichte mit Sarai in einem anderen Land mit einem anderen König. Auch hier kam Abraham mit einem blauen Auge davon und Gott wendete es noch zum Guten (1. Mose 20, 1-18).

Interessanterweise machte Isaak, der Sohn von Abraham, den gleichen Fehler wie sein Vater, als er sich mit seiner hübschen Frau Rebekka in demselben Land und bei demselben König aufhielt. Aus Angst, es könne ihr etwas zustossen, bezeichnete auch er Rebekka als seine Schwester. Doch dummerweise (oder eher glücklicherweise) sah der König zu, wie Isaak auf der Strasse mit Rebekka herumturtelte, und die Lüge war auf dem Tisch. Wieder ging es glimpflich aus und Gott wendete das Ganze zum Segen. Der König machte einen Bund mit Isaak, weil er erkannte, dass Gott mit ihm war (1. Mose 26, 7-11; 26-31).

Isaaks Sohn Jakob hatte ebenfalls einen Hang dazu, Fünfe gerade sein zu lassen. Wir erinnern uns an die Geschichte, wie er sich das Erstgeburtsrecht von seinem Vater erschlich, wie er sich gewitzt an den Herden seines Onkels Laban bereicherte und wie er dann seine Familie heimlich in der Nacht vor Laban in Sicherheit brachte − aus Angst, er würde ihn nicht in sein verheissenes Land zurückziehen lassen. Rahel, die Frau von Jakob, stahl sogar den Hausgötzen von Laban, setze sich darauf und heuchelte eine Monatsblutung vor. Als Laban sie einholte, der Flucht überführte und ärgerlich überall nach dem Götzen suchte, fand er ihn natürlich nicht … Die Parteien trennten sich mit einem Bund voneinander, und ein jeder ging seines Weges (1. Mose 31).

Angst und nochmals Angst. Immer wieder wurde dieses Geschlecht gerade vor seinem Land der Verheissung davon heimgesucht, worauf man sich dann mit einem Kompromiss oder einer Halbwahrheit aus den Fängen ziehen wollte. Wir lernen daraus zwei wichtige Sachen. Zum einen erkennen wir, dass «Erbkrankheiten», z. B. hier in Form von generationsübergreifenden Flüchen, im wahrsten Sinne des Wortes «vererbt» werden.

Und zwar unbemerkt, still und heimlich; und dies wird erst dann offensichtlich, wenn man in eine ähnliche Situation kommt. Gott hat dieses Prinzip einmal Moses offenbart: *«Der Herr, der Herr – ein barmherziger und gnädiger Gott, langmütig und reich an Huld und Treue, der Gnade bewahrt bis ins tausendste Geschlecht, der Schuld und Missetat und Sünde verzeiht, aber nicht ganz ungestraft lässt, sondern die Schuld der Väter heimsucht an Kindern und Kindeskindern, bis ins dritte und vierte Geschlecht.»* (2. Mose 34,6-7)

Wir müssen verstehen, dass es nicht **Gott** ist, der uns dies «antut», sondern es ist die Frucht der Sünde, die eine Eigendynamik besitzt, welche durch unseren Ungehorsam Gott gegenüber angetrieben wird. Unbedachte Äusserungen von uns nahe stehenden Personen oder Familienmitgliedern können in dem Zusammenhang sehr aufschlussreich sein, z. B. wenn es heisst, «Das hatte dein Vater auch», oder «Schon deine Grossmutter hatte damit zu kämpfen», oder «Das ist typisch für unsere Familie …». Ist das Muster einmal **er**kannt und vor dem Kreuz Jesu Christi **be**kannt, wird diese Linie des Fluches unterbrochen und deren Multiplikation ein Ende gesetzt. Vielleicht fallen dir nun beim Lesen solche Festlegungen oder wiederkehrenden Aussprüche von Freunden, Eltern oder Verwandten ein.

Dann schreibe sie auf und bringe sie ans Kreuz von Jesus und löse dich von ihnen. Manchmal kann es eine grosse Hilfe sein, wenn wir das zusammen mit einer Person tun, die in diesem Bereich Erfahrung hat, und wir dafür Gebet empfangen können. Vielleicht kommen dir auch gewisse Blockaden oder Verhinderungen in den Sinn, die immer dann auftreten, wenn du das Richtige machen möchtest. Dann bitte den Heiligen Geist, dass er dir die Ursache dieser Blockaden aufzeigt. Oftmals hat es mit einer Erb- oder Generationsschuld zu tun. Gott möchte dich befreien von diesen Altlasten.

Meine Eltern haben viel über der Generationsschuld ihrer Vorfahren gebetet und uns so vor folgenschweren Fehltritten bewahrt. Mein Vater und meine Mutter hielten sich nie für zu gut, um über einer Familienschuld vor uns Kindern Busse zu tun und diese damit aus unserem Leben zu entfernen. Manchmal war es für mich einfach eine grosse Hilfe, zu wissen, dass wir in gewissen Bereichen vorbelastet waren und ich dort besonders aufmerksam oder vorsichtig sein musste. In anderen Fällen musste ich überwinden und es lernen, gewisse Muster bewusst anders einzuüben. In jedem Fall ist so ein Prozess jedes Mal ein weiterer Schritt ins verheissene Land hinein!

Ein Freund von mir pflegt immer ausdrücklich zu

sagen, dass es neben den generationsübergreifenden Flüchen auch die Linie der generationsübergreifenden **Segnungen** gibt. Wie wahr! Warum hat wohl Gott in unserer Geschichte seine Männer mitsamt ihren Frauen und Kindern jedes Mal «aus der Pfanne gehauen»? Warum hat er sich **jedes** Mal schützend vor sie gestellt und sie vor Rache und Vergeltung bewahrt? Die Kraft der Verheissungen Gottes ist stärker als jeder Fluch! Die Berufungen Gottes stehen über den Generationen wie ein Leuchtturm in der Brandung. Gottes Erwählung steht über aller Altlast, steht über allen verpatzten Erbschulden und über allen verseuchten Blutlinien. Im Angesicht vieler ungelöster Fragen müssen wir dies immer wieder verinnerlichen: Gott steht zu uns!

Zurück in unserer Geschichte passiert genau das. Natürlich vergassen Josephs Brüder seine Anweisungen und gaben sich prompt als Schafhirten und nicht als «renommierte» Viehzüchter aus. Joseph muss sich auf die Lippen gebissen haben, als er die Antwort von Pharao abwartete. Doch auch hier: Gott stand zu seiner Verheissung. Pharao wiederholte nicht nur seine Einladung und sein Angebot, die Familien im besten Teil des Landes wohnen zu lassen, sondern gab noch einen oben drauf, indem er die «tüchtigen Leute unter ihnen» zu Aufsehern über seine eigenen Herden machen wollte. So viel zu den verschmähten Schafhirten und den Ängsten des Joseph!

Gott steht immer zu seinem Bund. Nichts kann uns von ihm und seiner Bestimmung trennen. Mit diesem tiefen inneren Wissen, «Gott ist für uns», würde Jakob nun bald vor den Pharao treten.

Der Jakob-Segen

«Joseph brachte auch seinen Vater Jakob hinein und stellte ihn dem Pharao vor, und Jakob entbot dem Pharao den Segensgruss. Und der Pharao fragte Jakob: Wie alt bist du? Jakob antwortete dem Pharao: Die ganze Zeit meiner Pilgerschaft ist 130 Jahre.» (1. Mose 47,7-9) Wenn die Weisheit Gottes durch einen Vater spricht, braucht man sich nicht zu fürchten. Sie ist stärker als die grösste Pyramide, mächtiger als jede Sphinx und schlauer als die Papyrusrollen in der Hand eines Königs. Das hatte Joseph vor fast zehn Jahren erfahren, als er dem Pharao offen und ehrlich seine Träume auslegte.

Es schien eine aus den Fugen geratene Welt: Niemand tritt vor einen König, um *ihn* zu segnen. Niemand kommt in den Thronsaal des Pharao, um vor diesem von Menschen verehrten Halbgott Zeugnis vom lebendigen Gott abzulegen. Niemand bezeugt vor einem Weltzentrum der Macht, dass man nicht *seiner* geschaffenen Welt huldigt, sondern einem *ewigen* Königreich.

Jakob hielt keine langen Dankesreden und machte auch keinen Bückling vor Pharao. Seine Worte waren Pfeile der Wahrheit, die das Herz dieses Herrschers trafen. Da wird ein Herrscher zum Diener des Höchsten, sein Mund, mit dem er sonst Befehle erteilt, zum Instrument der Anbetung.

Hinkende Väter und Mütter an die Front! Wer, wenn nicht ihr, ist an diese Orte berufen, denn ihr habt durch euer Leben diese eine Botschaft in euren Herzen fest verankert: *«Wir haben den erkannt, der von Anfang an ist.»* (1. Johannes 2, 13) Ja, lasst die jungen Löwen den Bösen überwinden, lasst sie stark sein und das Wort Gottes in sich tragen (1. Johannes 2, 14c). Aber wo ist das Zeugnis der Ewigkeit und des Königreiches Gottes? Was die Herrscher dieser Welt beeindruckt, ist nicht Machtgehabe oder Schlauheit. Diese Register können sie bei Bedarf allemal selber ziehen. Stattdessen wollen sie hören, was eurem Leben die Hoffnung zum (Weiter-)Leben geben hat und wofür es sich zu sterben lohnt. Sie *brauchen* den Segen Gottes so sehr, ja viele sehnen sich danach.

Solche Botendienste der Gottesworte an die Könige der Welt werden mit dem Aufbruch der Väter und Mütter in unseren Ländern zunehmen! Gott liebt diese Welt. Er möchte nicht nur eine Revolution von unten, sondern auch eine Revolution von oben. Da Gott es ist, der die Obrigkeiten einsetzt (Römer 13,1), ist es auch sein Anliegen, dieselben mit seinem Wort zu erreichen. Wen darf er senden?

Begreiflich, dass nicht alle Väter und Mütter an die Höfe der Mächtigen berufen sind. Diese Berufung kann und soll man sich nicht nehmen. Vergessen wir nicht, dass Gott selber mit Jakob war und mit ihm nach Ägypten zog (1. Mose 46,4). Nur *Immanuel* – d. h. Gott mit uns – kann uns an diese Stellen bringen. Doch jeder Vater und jede Mutter ist berufen, die Botschaft ihres Lebens an den von Gott zugewiesenen Plätzen zu leben und bei Bedarf Rechenschaft darüber abzulegen.

Gemeinsam im Lande wohnen

Gemeinsames Wohnen kann manchmal ganz unspektakulär sein – und dennoch sehr fruchtbar. Die Bibel widmet den fruchtvollsten Jahren ihrer Beziehung ganze zwei Verse: *«Also blieb Israel im Land Ägypten, im*

Lande Gosen; und sie setzten sich darin fest und mehrten sich und wurden sehr zahlreich. Und Jakob lebte noch siebzehn Jahre im Lande Ägypten, sodass die Zahl der Lebensjahre Jakobs 147 betrug.» (1. Mose 47, 27-28)

Im Wort Gottes werden die fruchtbarsten Zeiten manchmal kurz und knapp zusammengefasst. Wir sehen das bei Henoch, der aufgrund seines Wandelns mit Gott von ihm einfach in den Himmel entrückt wurde (1. Mose 5, 24). Über das Geheimnis seines Wandelns sagt die Schrift gerade mal einen Satz. Wenn die Bibel sich über solche Details ausschweigt, ist es nicht, weil sie nicht wichtig sind, sondern weil hier göttliche Prinzipien zur Erfüllung gekommen sind.

In meinem Dienst habe ich verschiedene Berührungspunkte mit meinen Eltern, und es gibt Aufgaben, die wir in Form eines Eltern/Sohn-Mandats gemeinsam wahrnehmen. Obwohl wir viel vom gemeinsamen Vorwärtsgehen der Generationen reden, möchte ich doch betonen, dass es auch klare generationenabhängige Aufgaben im Reich Gottes gibt. Ich bin frei, eigenständige Bereiche in unserem Dienst zu entwickeln, in denen meine Eltern «an der Seitenlinie stehen» und mich unterstützend anfeuern. Dann gibt es Bereiche, in denen ich wiederum ihnen als Helfer und Diener zur Seite stehe, um ihr «Ding» voranzubringen. In einer generationsübergreifenden Zusammenarbeit ist es wichtig, gegenseitige Ansprüche zu begraben. Wir stellen keine Forderungen aneinander, sondern wir begegnen einander in einer Haltung des Dienens. Die Frage «Was bringt es mir?» wird zu «Wie diene ich ihm/ihr am besten?» Was zunächst wie ein Rückschritt aussieht, ist in Wirklichkeit ein Fortschritt, aber das werden wir im nächsten Kapitel noch genauer betrachten.

Dennoch sei erwähnt: Nur weil wir unter dem gleichen Dach arbeiten, heisst das noch lange nicht, dass ich überall dabei sein muss. In manchen Arbeitsbereichen meiner Eltern sind meine Hände nicht gefragt, denn viele ihrer Wirkungsfelder haben mit einer Ebene von geistlicher Autorität und Verantwortung zu tun, die mir entweder *noch* nicht oder *gar* nicht anvertraut ist. Was uns in unseren mannigfaltigen Aufgaben verbindet, sind nicht die Bereiche, in denen wir zusammenarbeiten, sondern ist das Miteinander der Herzen.

Sich in einem gemeinsamen Dienstumfeld zu bewegen, ist sicher ein Privileg von Gott, wenn es auch nicht immer leicht ist. Manchmal kann es einfacher sein, wenn jeder sein eigenes Feld bestellt und man die Verbundenheit der Herzen in der gegenseitigen Fürbitte und dann und wann bei einem gemeinsamen Mittagessen oder ähnlichen Anlässen pflegen kann. Auch Jakob und Joseph hatten in Ägypten grundverschiedene Aufgabenfelder. Als Patriarch hatte Jakob die geistliche Verantwortung für die verschiedenen Sippen und war für deren Entwicklung zuständig, während Joseph am Hofe des Königs das Geschick und die Versorgung des Landes leitete. Wenn es um die Landaufteilung, die Essenverteilung und das Einsetzen von Aufsehern über die königlichen Herden ging, gab es jeweils gemeinsame Schnittstellen. Im verheissenen Land fruchtbar zu sein bedeutet also nicht, möglichst viele gemeinsame Aufgaben zu haben. Das kann eher zu einem Stressfaktor werden, Unzufriedenheit bewirken und in falsche Abhängigkeiten führen. Vielleicht entlastet es auch all diejenigen, die nie mit ihren Eltern bzw. Kindern einen gemeinsamen beruflichen Weg gehen können oder möchten.

Meine Eltern und ich merken stattdessen mehr und mehr, dass es darum geht, uns im gemeinsamen Vorwärtsgehen die uns anvertrauten Bälle gegenseitig zuzuspielen, um dann mit dem idealen Pass ein Tor zu schiessen! Egal, wie Gott dein verheissenes Land geplant hat, du darfst dich darauf freuen. Es werden glückliche Jahre sein, in denen du unter dem Angesicht Gottes mit Freuden wandeln wirst. Doch es geht noch einen Schritt weiter. Bist du bereit, mit mir hinter den Vorhang zu schauen?

KAPITEL 6

Wie Väter ihre höchste Bestimmung erreichen

Die Auferstandenen in Jerusalem

Richten wir den Scheinwerferkegel kurz auf eine Geschichte im Neuen Testament. Die Bibel berichtet uns
von einem spektakulären Ereignis. Minuten nachdem
Jesus Christus am Kreuz auf Golgatha gestorben war,
geschah Folgendes: *«Und siehe, der Vorhang im Tem-
pel zerriss von oben bis unten in zwei Stücke, und die
Erde erbebte, und die Felsen zerrissen, und die Grüfte
öffneten sich, und viele Leiber der entschlafenen Heiligen wurden auferweckt; und sie kamen nach seiner*

Auferweckung aus den Grüften hervor, gingen in die heilige Stadt und erschienen vielen.» (Matthäus 27, 51-53)

Das ist bestes Filmmaterial aus der Feder des Evangelisten Matthäus und gibt Anlass für die wildesten Spekulationen. Doch bevor wir uns darin verlieren, wollen wir uns lieber mit den offensichtlichen Aussagen in diesem Text beschäftigen. Also, nach dem Tod und der Auferstehung von Jesus Christus wurden viele mausetote Heilige *ebenfalls* von den Toten auferweckt, stiegen aus ihren Gräbern, liefen in die Stadt Jerusalem hinein und zeigten sich vielen Leuten!

Ein echter Knüller! Jesus nahm verstorbene Heilige in seine Auferstehung hinein. Sie waren wie die ersten Früchte seines Sieges über den Tod. Der Verfasser des Hebräerbriefes macht eine sehr interessante Aussage über diese «alten Heiligen»: *«Im Glauben starben diese alle, ohne die Verheissungen erlangt zu haben, sondern sie schauten sie von ferne und begrüssten sie und bekannten, dass sie Gäste und Fremdlinge auf Erden seien.» (Hebräer 11, 13)* War es nicht genau das, wovon Vater Jakob vor dem Pharao gesprochen hatte, als er sich als «Pilger» bezeichnete? Drehen wir das Rädchen noch etwas weiter.

Was bedeutet es, *«die Verheissung erlangt zu ha-*

ben»? Wir erhalten im selben Kapitel gleich die Antwort: *«Und diese alle* (die alten Heiligen) *erlangten, obschon sie durch den Glauben ein gutes Zeugnis besassen, die Verheissung nicht, weil Gott für uns etwas Besseres vorgesehen hat, damit sie nicht ohne uns zur himmlischen Vollendung gelangen sollten.»* (Vers 39) Die Verheissung ist also unsere Vollendung, oder unser Ziel des Glaubens, welches bekanntlich das Verwandeltwerden in sein Bild und die ewige Gemeinschaft mit Gott ist (vergl. 2. Korinther 3, 18; 1. Thessalonicher 4, 17b; Offenbarung 22, 4).

Die Heiligen im Alten Testament hatten also schon ein Bild in ihren Herzen über die Verheissung dieser Gemeinschaft mit Gott und die dazugehörige Auferstehung. Heisst es doch im Buch Daniel: *«Und viele von denen, die schlafen im Erdenstaube, werden erwachen, die einen zu ewigem Leben, die andern zu Schmach, zu ewigem Abscheu. Die Weisen aber werden leuchten wie der Glanz der Himmelsfeste und, die viele zur Gerechtigkeit geführt, wie die Sterne immer und ewig.»* (Daniel 12, 2-3)

Vielleicht verstehen wir nun, warum Jakob unbedingt im «verheissenen Land der Auferstehung» begraben werden wollte. Wir hören später noch mehr davon. Könnte es gar sein, dass auch Jakob unter den auferstandenen Heiligen war? Dass er vielleicht mit seinem Erlöser durch die Heilige Stadt lief und die Erfüllung und das Ziel seines Lebens vor Augen hatte? Seine Gruft war ja nicht mehr als einen knappen Tagesmarsch von Jerusalem entfernt; kein Problem für einen auferstandenen Körper, der nicht mehr an die Gesetze dieser Welt gebunden ist … Und wenn dem so ist, wer um Himmels willen hat ihn dort in dieses Grab gelegt, damit ihm diese Ehre zuteil werden konnte? Schritt zurück. Noch befinden wir uns in Ägypten …

Der Schritt in die richtige Richtung

«Als nun die Zeit kam, dass Israel sterben sollte, liess er seinen Sohn Joseph rufen …» (1. Mose 47, 29a) Der Ruf ist eindeutig und in diesem Fall eine Einbahnstrasse. Während sich die beiden vor 17 Jahren aufeinander zu bewegten, hiess Jakob nun seinen Sohn kommen.

Darf ich einen Moment besonders zu den Söhnen und Töchtern sprechen? Wenn es bei uns um mehr als nur um «Arbeit» und «Tun» gehen soll, sondern um das Aktivieren von Gottes Gegenwart und Kraft für die Zukunft (z. T. umschrieben mit «die Salbung»), dann müssen *wir* uns umdrehen und dem vermeintlich Schwachen entgegengehen. In meinem Traum *Stromschläge im Empfangsraum*, den ich im Prolog beschrieben habe, lief ich zuerst auf meine Arbeit zu. Ich hatte die Türklinke ins Reich «meines» Dienstes schon fast in der Hand. Stattdessen vernahm ich eine Stimme: *«Geh zurück!»* Im ersten Moment ein vermeintlicher *Rück*-Schritt. «*Mein* Dienst ruft», mögen viele denken. «Später vielleicht. Bin gerade so in Schwung. In der Kaffeepause wird er schon noch da sein.» Wenn wir uns nicht überwinden, die uns von Gott angewiesene Richtung zu wählen, werden wir zwar sicher nicht unsere Berufung verpassen, aber dennoch einen wichtigen Schlüssel für unsere Zukunft ausser Acht lassen.

Als ich nach vielen Jahren des Studiums und der Arbeit im Ausland wieder in die Schweiz kam und in den Dienst meiner Eltern eintrat, führte mich Jesus genau diesen Weg. Er lehrte mich, dass «mein Ding» der Schritt hin zu meinen Eltern sein würde, aus welchem dann unser *Fort*schritt entstehen würde. Der Schritt in die richtige Richtung ist eine von Gott gegebene Zuweisung hin zu einer strategischen Positionierung im Reich Gottes. Gott behält es sich vor, seinen Kindern einen Platz anzuweisen, an dem sie lernen und wachsen dürfen, so wie uns früher die Plätze im Schulzimmer vom Lehrer zugeteilt wurden. Diese Zuweisung kann gewisse Personen betreffen (in unserem Fall einen Vater oder eine Mutter), aber auch bestimmte Aufgaben und Plätze im Reich Gottes; vielleicht ist es auch eine Kombination von beiden. Auch wenn diese Positionierung unserem Verstand nicht immer logisch erscheint und uns teils auch Überwindung kosten mag, müssen wir das Geheimnis des Schrittes in die richtige Richtung verstehen, wenn wir die Kraft des gemeinsamen Dienens in Ägypten erleben wollen. Die folgende Geschichte illustriert die Kraft dieses vermeintlichen Rück-Schrittes:

Eines Tages rief mich ein fremder Mann aus Amerika an. Er habe von unserer Arbeit gehört und würde uns gerne besuchen kommen, da er sowieso eine Gebetsreise ins nahe gelegene Grenzgebiet plane. Er fragte, ob er zumindest mich sehen könne. *«Keine Zeit»*, war meine Antwort. Ich schlug ihm vor, er könne sich gerne Info-Material am Empfang abholen, sollte er uns dennoch aufsuchen wollen. Er kam tatsächlich; nie hätte ich damit gerechnet. Da sass er nun und wartete auf mich, während ich möglichst schnell wieder ins «Reich der Arbeit» verduften wollte. «Danke für deine E-Mail», sagte er. «Dein prophetisches Wort, dass ich meine Finanzen in Ordnung bringen müsse, bevor ich in die Schweiz komme, war absolut zutreffend.» Ich war völlig verdutzt. «Ich kontaktierte sofort meine Bank», erzählte er weiter, «und sah, dass da etwas nicht stimmte. Ich konnte es gerade vor meiner Abreise noch in Ordnung bringen.» «Moment», war meine Antwort, «ich habe dir nie so eine Anweisung geschickt. Wirklich nie!» Lächelnd zog er ein Blatt Papier aus seiner Brieftasche. Tatsächlich, meine Antwortmail *inklusive* der besagten Anweisung, die ich, Hand aufs Herz, nie getippt hatte. Der Besucher fuhr fort: «Ich wollte einfach sehen, wer mir so ein genaues prophetisches Wort gegeben hat.» Sofort ging ich zu meinem Computer, um nachzuschauen. Ich verglich die Email-Auszüge und verstand die Welt nicht mehr. Ein «Internetengel» musste diese prophetische Anweisung eingefügt haben. Diese Begegnung war ein wichtiger Auslöser von einer ganzen Lawine von Ereignissen, welche in die Versöhnung und Wiederherstellung von hunderten von Personen sowie von ganzen Gemeinden und Bewegungen hineinmündete. Der Schritt auf den wartenden Unbekannten zu, auf diesen gebrochenen Vater, führte mich geradewegs auf ein wichtiges Ackerfeld der Versöhnung im Reich Gottes, welches mich über Jahre beschäftigen würde.

Die vorsichtigen oder gebrannten Stimmen, wie auch die jungen «Go-Getters» unter uns, melden vielleicht Bedenken an. Werde ich da nicht vereinnahmt?

Wird mir hier nicht etwas übergestülpt, was nicht *mein* Wille ist? Ist das nicht ein Ausbremsen *meiner* Bestimmung? Solche Bedenken sind ernst zu nehmen, denn wir tun diese Schritte nicht aus Intuition, gutem Willen, Erbarmen, antrainierter Demut oder anderer Motivationen wegen. Auch nicht, weil es «in» ist. Wir tun sie, weil Gott zu uns gesprochen hat. Und wo wir Gottes Stimme hören, egal, ob durch ein Wort, einen Traum, eine Vision oder gar einen Freund, wenn wir sie geprüft haben, tun wir gut daran, ihr zu gehorchen. Es dient zu unserem Besten. Nähern wir uns doch dem, was wir alle für die Zukunft bitter nötig haben.

Wenn Söhne an die Wunden der Väter greifen

Als Joseph an das Bett seines Vaters trat, hatte dieser eine seltsame Bitte: *«Willst du mir einen Gefallen tun, so lege deine Hand unter meine Hüfte …»* (1. Mose 47, 29b)

Josephs Hände an seines Vaters Hüften – das schien ein seltsamer Platz für eine Handauflegung zu sein! Schon einmal wurden Jakobs Hüften berührt. Damals, vor vielen Jahren in jener schicksalhaften Nacht an der Furt des *Jabbok*, als er sich mit dem Engel des

Herrn einen Ringkampf lieferte. Der Engel schlug ihn damals so stark auf sein Hüftgelenk, dass es verrenkte. Von da an war Jakob ein Hinkender. Genau an diese Stelle hiess er Joseph seine Hände legen, an die Stelle, die ihn an die Ursache seines Hinkens erinnerte. Doch dieses Mal sollten die Hände nicht schlagen, sondern *be*decken und *er*fassen.

Wenn Väter und Mütter ihre Kinder nahe an sich heran lassen, wird es nicht lange dauern, bis die Kinder die Schwächen ihrer Eltern – die verborgenen wie auch die offensichtlichen – in einem anderen Licht sehen werden. Vielleicht sind es Fehler, die sie in der Vergangenheit gemacht haben, Narben aus alten Verletzungen, Erinnerungen an Versagen, die sie nicht überwunden haben und die sie noch wie einen Stachel im Fleisch tragen. Ihr Söhne und Töchter, *wie* reagieren wir darauf? Schlagen wir ebenfalls zu, um zu zeigen, dass wir die Stärkeren sind? Untersuchen wir die sensible Stelle mit dem Vergrösserungsglas, um zu sehen, wie schlimm es wirklich ist? Bilden wir Arbeits- und Gesprächsgruppen mit Gleichgesinnten, um zu diskutieren, wie uns das sicherlich nicht passieren könnte? Heben wir die Decke für einen kurzen Moment, um uns die Sache anzuschauen und andere darauf aufmerksam zu machen? Gott bewahre!

Einst lebte ein gerechter Mann auf der Erde, der mit seiner Familie als Einziger die grosse Sintflut der Urzeit überlebt hatte. Der Mann hiess Noah und er hatte drei Söhne, Sem, Ham und Japhet. Noah war es, der den ersten Weinberg anlegte. Er kelterte die Trauben und trank dann gleich so viel von dem neuen Wein, dass er betrunken wurde und anschliessend entblösst in seinem Zelt lag. Der Mann, durch den Gott das Überleben der ganzen Menschheit gesichert hatte, bot seiner Familie mit diesem Anblick ein ziemlich unrühmliches Bild. Als der jüngste Sohn Ham ins Zelt kam und seinen Vater so liegen sah, drehte er sich um, ging hinaus und erzählte es seinen beiden Brüdern. Ich kann mir seinen Wortlaut ungefähr so vorstellen: «Hey, unser Alter hat sich wie ein Verrückter Wein hinter die Binde gekippt. Nun liegt er sternhagelvoll und splitternackt da drin. Das müsst ihr euch ansehen!» Sem und Japhet schauten sich kurz an, nahmen gemeinsam ein grosse Decke, liefen rückwärts in das Zelt hinein, so dass sie die Blösse ihres Vaters nicht sehen konnten, und bedeckten seinen Körper. Als Noah erwachte und erfuhr, was geschehen war, verfluchte er Ham und segnete Sem und Japhet für ihren Dienst an ihm (1. Mose 9, 20-27). Fluch und Segen sollten ihre Auswirkungen haben. Fortan waren Gewalt, Zerstörung und Perversion in der Völkerlinie des Hams zu finden, während sich in den Linien von Sem und Japhet eine grosse wissenschaftliche und kulturelle Vielfalt entwickelte.

Eine kleine Handlung mit grossen Konsequenzen! Gott möge uns die Gnade geben, dass wir die Fehler unserer Vorgeneration nicht anzeigen, sondern bedecken. Einen Fehler bedecken heisst nicht, darüber hinwegsehen. Schliesslich müssen wir hinsehen, damit wir die richtige Stelle berühren können. Meine Eltern wissen um meine Schwächen und Macken; haben sie mich doch aufwachsen sehen. Doch aufgrund meiner Nähe zu ihnen weiss ich auch um die ihren. Der Test für mich kommt dann, wenn sie vor meinem Angesicht durch gewisse Umstände offenbar werden. Schlage ich daraus Profit oder weiss ich um ihre innere Not in dieser Angelegenheit und bedecke sie mit dem Mantel der Liebe? Hier werden wir einmal ernten, was wir säen. Dies ist eine grosse Chance von Gott, selber Gnade für unser Leben zu empfangen. Unser Job ist nicht, ihr Hinken zu heilen, welches Gott aus welchem Grund auch immer zugelassen hat. Unser Job ist, zu bedecken und zu *erfassen*, was wirklich dahinter steckt.

Das Geheimnis erfassen

Das «Berühren der Hüfte» ist das eine. Das Erfassen, was es damit auf sich hat, ist das andere. Joseph verstand am Bett seines Vaters, dass dessen gebrochene Hüfte ein Zeichen für den Bund Gottes auch über seinem persönlichen Leben war. Wir mögen wohl laufen und rennen, doch ER wacht über unseren Verheissungen und bringt uns zum Ziel. Joseph verstand, dass die Hüfte ein Zeichen für Fruchtbarkeit ist. Nur das ist in Gottes Augen wirklich fruchtbar, was ER berührt und was ER zum Leben erweckt. Alles andere ist zwar gut und schön, aber ohne ewigen Bestand. Joseph verstand, dass Gott sich in diesen Hüften als ein Gott der Generationen offenbarte – als Gott Abrahams, Isaaks und Jakobs. Diese Offenbarung der drei Generationen sollte fortan für immer Bestand haben. Das *ganze* Volk musste sich von nun an das Gesetz und die Propheten anhören und zusammen die Schätze seiner Offenbarungen bergen. Joseph verstand, dass mit diesen Hüften ein ganzes Volk gemeint war, und nicht nur ein einziges Leben. Nach dem Hüftschlag nannte Gott Jakob fortan *Israel* (1. Mose 32, 28). Israel, das Volk Gottes, ein Volk des Bundes, ein Volk der Fruchtbarkeit, und ein Volk, das zeitlebens vor den Augen einer Weltöffentlichkeit am Hinken sein würde, weil Gott es berührt hat, ihm zum Zeugnis.

Wenn wir die Hüften unserer Väter und Mütter berühren, bringt das ein Verständnis hervor, das über unsere Situation hinausgeht. Es ist, als würden wir in die Geheimnisse Gottes, die er der Generation vor uns anvertraut hat, «hineingreifen». Es sind Schätze, die auch in unserer Zeit einen Wert und eine Gültigkeit haben, und wir tun gut daran, danach zu fragen und sie in Weisheit in unsere Entscheidungen mit einzubeziehen. Es wird uns manchen Umweg ersparen.

Bring mich ins Land der Verheissung

Als Joseph die Hüften von Jakob berührte, war das mit einem Schwur verbunden, den Joseph vor seinem Vater ablegen musste: *«Erweise mir die Liebe und Treue, dass du mich nicht in Ägypten begräbst; sondern wenn ich mich zu meinen Vätern lege, so bringe mich aus Ägypten hinweg und begrabe mich in ihrer Grabstätte. Joseph sprach: Ich will tun, wie du gesagt hast. Jakob aber sprach: So schwöre mir! Und er schwur ihm. Da verneigte sich Israel zu Häupten des Bettes.»* (1. Mose 47,29-30)

Nun war der Vater der Empfangende. Das Auflegen der Hände ist immer mit Gebet verbunden! Durch das Gebet soll unser Gegenüber im Glauben ins Land der Verheissung hineingebracht werden. Wir führen den Menschen heraus aus seinen Umständen, seinen Nöten und Krankheiten und präsentieren ihn dem allmächtigen Gott, der Himmel und Erde erschaffen hat. Zusammen kommen wir vor Gottes Thron der Gnade und erbitten seine konkrete Hilfe (s. Hebräer 4, 16). Jakob hatte einen Traum. Er wollte nicht einfach auf ein Stück Erde zurückkehren, sondern in seinem Herzen lebte das Bild, dass es ein *himmlisches* Land geben muss, in welchem er auferstehen würde. Der Hebräerbrief sagt dazu: *«Nun aber streben sie* (die Väter des Glaubens) *nach einem besseren* (Land), *das heisst nach einem himmlischen. Daher schämt sich Gott ihrer nicht, ihr Gott genannt zu werden; denn er hat ihnen eine Stätte bereitet.»* (Hebräer 11, 16) Jakob wollte nochmals aufbrechen − und zwar in das Land seiner Träume. Tod oder lebendig, auf einem Eselskarren oder mit einer himmlischen Kutsche, er *musste* dahin kommen − und dazu brauchte er die Hilfe seines Sohnes. «Bring mich dahin! Schwöre es mir!»

Manchmal wundere ich mich, wie viele himmlische Träume noch in den Herzen der Väter und Mütter schlummern. In einem Alter, wo sich die meisten nach dem Stand der Pensionskasse erkundigen und Vorbereitungen für einen ruhigen Lebensabend treffen, lässt Gott oftmals noch so einen «*Traum*samen» in ihre Herzen fallen. Ich spreche hier nicht von dem Wunsch, eine Weltreise zu machen oder mit einem Formel-1-Rennwagen um den Hockenheimring zu flitzen oder als Weltraum-Tourist die Erde zu umrunden. Nein, ich meine diesen leisen Traum, in der innigen Gegenwart ihres Gottes nochmals Grosses zu bewegen. Viele Väter und Mütter in unseren Ländern, die in den letzten Jahrzehnten mutig vorausgegangen sind, stehen nun an der Schwelle einer neuen Dimension und einer noch grösseren geistlichen Fruchtbarkeit. Gleichzeitig ist ihnen aber schmerzlich bewusst, dass sie dies nicht selber erwirken können. Was könnte ihnen wohl diesen letzten Anstoss über die Schwelle geben? Könnte es sein, dass die Gebete der jüngeren Generation ihnen den Weg frei machen, ihr himmlisches Land, ihre letztendliche Verheissung und ihr schönstes Erbe anzunehmen?

Orte der Auferstehung

Ich denke, dass es zwei unterschiedliche Orte der Auferstehung gibt. Zum einen den geografischen Ort auf einer Landkarte, nämlich den Platz, wo wir begraben werden, und zum anderen einen geistlichen, unsichtbaren Ort der Auferstehung. Das ist ein Ort in der Gegenwart Gottes, an dem der Tod keine Macht und keine Anrechte mehr an uns hat, auch wenn wir noch leben. Mit der Auferstehung Christi und der Ausgiessung des Heiligen Geistes ist in uns bereits der Samen zu dieser Auferstehung angelegt. Wir tragen die Auferstehungskraft in uns − was für ein gewaltiges Geheimnis −, die Ewigkeit und Unvergänglichkeit unseres Geistes sind bereits in uns hineingelegt!

Wenn wir die Biografien der Heiligen in der Bibel studieren, stellen wir fest, dass viele um den Zeitpunkt ihres Heimgangs wussten. Ich möchte hier keine Regel aufstellen, die besagt, dass dies immer so sein sollte, denn jeder Christ sollte jederzeit so im Frieden mit sich selbst und vor Gott leben können, dass er morgen sterben und vor Gott treten könnte. Dennoch sagen diese Biografien etwas über die gewaltige Macht des Lebens aus, welche den Stachel des Todes besiegt hat. Wir müssen uns vor Augen halten, dass es für Gottes Kinder

Plätze der Immunität gibt, in denen wir den vollkommenen Schutz Gottes geniessen. Der Apostel Paulus war unzählige Male in Todesgefahr – doch der Tod konnte ihm nichts anhaben, bis er vom Herrn her wusste: *«Denn ich werde nunmehr als Opfer hingegeben, und die Zeit meines Abscheidens ist da.»* (2. Timotheus 4, 6) Auch Petrus wusste zu sagen: *«... dass das Ablegen meines Zeltes rasch geschieht, wie auch unser Herr Jesus Christus mir kundgetan hat.»* (2. Petrus 1, 14) Vielleicht kommt hier das Geheimnis aus 1. Korinther 15, 54-55 zum Tragen: *«Wenn aber dieses Verwesliche angezogen hat Unverweslichkeit und dieses Sterbliche angezogen hat Unsterblichkeit, dann wird eintreffen das Wort, das geschrieben steht: ‹Der Tod ist verschlungen in Sieg. Tod, wo ist dein Sieg? Tod, wo ist dein Stachel?›»*

Am Grab der Väter und Mütter

«So will ich denn hinaufziehen und meinen Vater begraben und dann zurückkommen.» (1. Mose 50, 5) Das war Josephs letzter versprochener Liebesdienst an seinem Vater. Vierzig Tage lang liess Joseph seinen Vater einbalsamieren, bevor er ihn zu seiner letzten Ruhe-

stätte geleitete. Oder sollen wir die Familiengruft der Patriarchen Abraham, Isaak und Jakob eher eine Durchgangsstätte nennen? Wenn Jakob, wie wir vorher spekuliert haben, möglicherweise unter denen war, die mit Jesus auferstanden sind, und wenn wir daran denken, dass die Gräber der Heiligen einst geöffnet werden, wenn Jesus Christus wieder auf die Erde kommt (1. Thessalonicher 4, 16), dann ist dieser Begriff wohl angebracht.

Das Familiengrab, zu dem der riesige Heerzug aus Ägypten pilgerte, hatte eine Besonderheit: die Familienväter wurden dort neben ihren Frauen begraben! Abraham hatte dort seine Sara begraben, Isaak seine Rebekka und Jakob seine Lea. Joseph war sich dieser Tatsache nur allzu sehr bewusst und machte keinen Hehl daraus, dass er mit der Grablegung seines Vaters auch die Frauen in seiner Blutslinie ehrte. Darf ich in diesem Zusammenhang eine Feststellung machen? Ich meine daraus klar zu erkennen, dass der Ort der Auferstehung der Väter auch an der Seite der Mütter ist! Das heisst zum einen, dass Gott ebenfalls Frauen als seine Wegbereiter bestimmt und dass er in sie seine *ganze* Fülle hineinlegt. Und zum anderen, dass den Frauen im Reich Gottes von Gott das gleiche Erbe wie den Männern zuteil werden wird und er ihnen nichts vorenthält.

Diese Einsicht ist kostspielig. Abraham bezahlte für die Grabstätte ganze 400 Silberstücke, obwohl er die Höhle von den Hethitern hätte gratis bekommen können. Es wird die Männer etwas kosten, ihre Frauen auf gleicher Augenhöhe an der Seite zu haben und ihnen Raum zu schaffen, damit sie in ihre Bestimmung hineinkommen können − und das ist richtig so. Silber steht in der Schrift symbolisch für Erlösung. Es ist Zeit, dass die Frauen im Reich Gottes von jeglicher religiöser Knechtschaft und frommer Unterdrückung erlöst werden. Wir sprechen hier von den biblischen Ordnungen im Reich Gottes, die es zu ehren und von Herzen zu befolgen gilt, und auch nicht von einer Unterstützung der feministischen Theologie. Im Kern liegt die Frage, ob wir neben den Vätern auch unsere Mütter so ehren und ihnen den Raum für ihre eigene Entwicklung zugestehen können, dass es den Vater im Himmel verherrlicht.

Der Stromschlag vom Himmel

Manche nennen es Salbung, andere nennen es Bestimmung − oder ist es einfach die Kraft des Himmels? Der Stromschlag an den Hüften des Jakob kam letztlich nicht aus seinen Hüften, sondern aus dem Himmel. Geerdet war ich in meinem Traum dadurch, dass ich mit meinen Füssen auf dem Boden des Empfangsraumes stand – dort, wo Hilfe suchende Menschen auf ihre Gesprächstermine warten und wo die vielen freiwilligen Mitarbeiter und unser Team beständig ein- und ausgehen. Der Stromschlag kam da, wo das öffentliche Telefon und der Kaffeeautomat stehen, wo der Schalter für die Bezahlung der Seminargebühren und der Unterkünfte ist und wo die Pinnwand für Wohnungssuchende und die Jobangebote hängt. Ausgerechnet dort, in dieser unspektakulären Alltagsumgebung, gefiel es der Kraft Gottes zu kommen und den versammelten jungen Menschen eine Vision für die Zukunft zu geben. Gott möchte nicht nur unsere Gemeindesäle, sondern auch unseren Alltag mit dieser Kraft vom Himmel erfüllen.

Richten wir zum Schluss unseren Blick gen Himmel. Dort gibt es einen Vater und es gibt einen Sohn. Beide haben unterschiedliche Aufgaben, und beide haben Gemeinsamkeiten. Vor allem haben sie den gleichen Geist. Das Leben der Generationen hat im Himmel seinen Anfang gefunden. Wir starten weder einen Trend noch einen Lebensstil und sind auch nicht beseelt durch eine Vision der Generationenharmonie. Wir sind aufgerüttelt durch eine Sehnsucht und hegen den innigen Wunsch, der Welt etwas von dem zum Ausdruck zu bringen, was im Himmel schon lange gelebt wird! Gemäss der Verheissung aus Maleachi wird es grosse Konsequenzen haben.

Lassen wir uns eingliedern in die Schar derer, die diese Verheissung ererben werden!

Epilog

Wenn das Kreuz dich findet

Das bekannte Buch meines Vaters *«Vater – ein Blick in das Herz Gottes»* (herausgegeben im Schleife Verlag) ist einem Mann gewidmet, der ebenfalls Jakob hiess. Mit ihm hatte ich einst eine für immer prägende Begegnung. Ich war damals gerade vor meinem Elternhaus am Spielen, als sein Wagen vorfuhr. Er stieg aus und hinkte geradewegs auf mich zu. In seiner Hand, die er mir entgegenstreckte, trug er zwei Holzkreuze. Eines für meinen Bruder und eines für mich. Mit einem Lächeln drückte er mir das einfache Holzkreuz aus Buchenholz in die Hand. Mein Blick fiel auf das eingeritzte «A» auf der einen Seite des Kreuzes. Das «A» meines Vornamens! Ich war gemeint! Dann drehte er sich wortlos um, liess mich alleine mit meinen Gedanken über das gerade überreichte Geschenk und humpelte auf seinen Stock gestützt ins Haus hinein. Das war vor ziemlich genau 30 Jahren.

Im Nachhinein bin ich dankbar, dass mir Vater Jakob das Kreuz ohne Moralpredigt und gute Tipps in die
Hand gedrückt hat. Ein Jahr später nämlich hat das
Kreuz *mich* gefunden, als ich im Alter von sechs Jahren
mein Leben diesem Jesus Christus anvertrauen durfte.
Die Freudentränen und der immense Frieden, den ich
in meinem Kajütenbett im Kinderzimmer verspürte, sind
in meiner Erinnerung noch so präsent, als wäre es
gestern gewesen.

In den vergangenen 30 Jahren ist dieses Buchen-
kreuz immer in meiner greifbaren Nähe gewesen. Als
Kind bestand ich darauf, dass das Kreuz während des
Gutenachtgebets in meine Hände kam. Später hatte es
dann auf jedem Schreibtisch und in den verschiedenen
Koffern bei meinen Reisen seinen Platz – manchmal
inmitten von viel Papierkram, Büchern und schmutziger
Wäsche … Nicht das Stück Holz, sondern die Botschaft
des Kreuzes klingt über die Jahre immer lauter in mir.

Hinkende Väter und Mütter, ob leibliche oder geistliche, überbringen ihr *Leben* der jungen Generation als
Geschenk. Ihre Botschaft besteht nicht nur aus dem,
was sie sagen, sondern aus dem, was sie in ihrem Gehen mitbringen, was selber Teil von ihnen geworden ist.
Mag die Begegnung auch noch so kurz sein, wenn wir
sie in unsere Nähe lassen, könnte es sein, dass die

Kraft des Kreuzes uns plötzlich findet – auf dass der Fluch gebrochen wird!

Es waren wohl die Gebete dieses Vaters Jakob und meiner Vorväter und -mütter, die mich in jenem Traum in der Empfangshalle an die Hüften meines Vaters greifen liessen.

Dem Gott meiner Väter sei alle Ehre und Dank!

Anhang

Auszüge aus der Josephgeschichte

Jakobs Kampf am Pniel
1. Mose 32, 23-33

23 Noch in der Nacht stand er dann auf, nahm seine beiden Frauen und seine beiden Mägde und seine elf Söhne und ging über die Furt des Jabbok. 24 Er nahm sie und führte sie über den Fluss; auch all seine Habe brachte er hinüber. 25 Jakob aber blieb allein zurück. Da rang ein Mann mit ihm, bis die Morgenröte anbrach. 26 Als der sah, dass er ihn nicht zu überwältigen vermochte, schlug er ihn auf das Hüftgelenk. Und Jakobs Hüftgelenk wurde verrenkt, als er mit ihm rang. 27 Und er sprach: Lass mich los; die Morgenröte bricht an. Aber er antwortete: Ich lasse dich nicht, du segnest mich denn. 28 Er sprach zu ihm: Wie heissest du? Er antwortete: Jakob. 29 Da sprach er: Du sollst nicht mehr Jakob heissen, sondern Israel [d. i. Gottesstreiter]. Denn du

hast mit Gott und mit Menschen gestritten und hast obsiegt. 30 Und Jakob fragte ihn: Sag an, wie heissest du? Er aber sprach: Warum fragst du, wie ich heisse? Und er segnete ihn daselbst. 31 Und Jakob nannte die Stätte Pniel [d. i. Angesicht Gottes]; denn [sagte er] ich habe Gott von Angesicht zu Angesicht geschaut und bin am Leben geblieben. 32 Und als er an Pniel vorüber war, ging die Sonne auf; er hinkte aber an der Hüfte. 33 Daher essen die Israeliten bis auf den heutigen Tag den Muskelstrang nicht, der auf dem Hüftgelenk liegt, weil er Jakob auf das Hüftgelenk schlug, auf den Muskelstrang.

Josephs Jugend und Träume
1. Mose 37, 2-11

2 Dies ist die Geschichte Jakobs: Als Joseph siebzehn Jahre alt war, hütete er die Schafe mit seinen Brüdern – er war aber noch jung –, mit den Söhnen Bilhas und Silpas, der Frauen seines Vaters, und was man ihnen Schlimmes nachsagte, hinterbrachte Joseph ihrem Vater. 3 Israel aber hatte Joseph lieber als alle seine andern Söhne, weil er ihm erst im Alter geboren war, und er liess ihm einen Rock mit Ärmeln machen. 4 Als nun

seine Brüder sahen, dass ihr Vater ihn lieber hatte als alle seine andern Söhne, wurden sie ihm Feind und mochten ihm kein freundliches Wort mehr gönnen. 5 Einst hatte Joseph einen Traum und erzählte ihn seinen Brüdern. 6 Und er sprach zu ihnen: Hört einmal, was mir geträumt hat! 7 Wir waren am Garbenbinden auf dem Felde; da richtete sich auf einmal meine Garbe auf und blieb stehen, eure Garben aber stellten sich ringsherum und verneigten sich vor meiner Garbe. 8 Da sprachen seine Brüder zu ihm: Du willst wohl gar unser König werden oder über uns herrschen? Und sie hassten ihn noch mehr um seiner Träume und um seiner Worte willen. 9 Darnach hatte er noch einen andern Traum; den erzählte er seinen Brüdern auch und sprach: Seht, ich habe noch einen Traum gehabt: die Sonne und der Mond und elf Sterne verneigten sich vor mir. 10 Das erzählte er seinem Vater und seinen Brüdern. Da schalt ihn sein Vater und sprach zu ihm: Was ist das für ein Traum, den du da gehabt hast? Sollen etwa ich und deine Mutter und deine Brüder kommen und vor dir niederfallen? 11 Und seine Brüder wurden neidisch auf ihn, sein Vater aber behielt die Sache im Sinn.

Joseph bei Potiphar

1. Mose 39

1 Als aber Joseph nach Ägypten hinabgeführt worden war, kaufte ihn Potiphar, der Kämmerer des Pharao, der Oberste der Leibwache, ein Ägypter, von den Ismaelitern, die ihn dorthin gebracht hatten. 2 Und der Herr war mit Joseph, und es geriet ihm alles wohl, sodass er im Hause seines Gebieters, des Ägypters, bleiben durfte. 3 Als nun sein Gebieter sah, dass der Herr mit ihm war und dass der Herr alles, was er tat, in seiner Hand wohl gelingen liess, 4 kam Joseph in grosse Gunst bei ihm und wurde sein Leibdiener; und er setzte ihn über sein Haus, und alles, was er hatte, übergab er ihm. 5 Und von der Zeit an, da er ihn über sein Haus und alle seine Güter gesetzt hatte, segnete der Herr das Haus des Ägypters um Josephs willen, und der Segen des Herrn ruhte auf allem, was er hatte, in Haus und Feld. 6 Darum überliess er Joseph alles, was er hatte, und kümmerte sich neben ihm um nichts als um die Speise, die er ass. Joseph aber war schön von Gestalt und schön von Aussehen. 7 Darnach begab es sich, dass die Frau seines Herrn ihre Augen auf Joseph warf und sprach: Lege dich zu mir! 8 Er aber weigerte sich und sprach zu der Frau seines Herrn: Siehe, mein Herr

kümmert sich neben mir um nichts im Hause, und alles, was er besitzt, hat er mir übergeben. 9 Er selbst ist in diesem Hause nicht grösser als ich; er hat mir nichts vorenthalten als dich, weil du sein Weib bist. Wie sollte ich da ein so grosses Unrecht begehen und wider Gott sündigen? 10 Und ob sie auch täglich Joseph zuredete, hörte er nicht auf sie, dass er sich zu ihr gelegt hätte, um mit ihr Umgang zu pflegen. 11 Es begab sich aber eines Tages, dass Joseph ins Haus kam, seine Geschäfte zu besorgen, als gerade niemand vom Gesinde zugegen war. 12 Da fasste sie ihn beim Kleide und sprach: Lege dich zu mir! Er aber liess sein Kleid in ihrer Hand und floh und lief zum Hause hinaus. 13 Als sie nun sah, dass er sein Kleid in ihrer Hand gelassen hatte und zum Hause hinaus geflohen war, 14 rief sie ihr Gesinde und sprach zu ihnen: Seht, da hat er uns einen Hebräer ins Haus gebracht, dass der seinen Mutwillen mit uns treibe. Er kam zu mir herein, um sich zu mir zu legen; aber ich schrie laut. 15 Und als er hörte, dass ich ein Geschrei erhob und rief, liess er sein Kleid neben mir und floh und lief zum Hause hinaus. 16 Und sie liess sein Kleid neben sich liegen, bis sein Herr heimkam. 17 Da erzählte sie ihm dieselbe Geschichte und sprach: Der hebräische Sklave, den du uns ins Haus gebracht hast, dass er seinen Mutwillen mit mir treibe, ist zu mir hereingekommen. 18 Wie ich aber ein Geschrei erhob und rief, liess er sein Kleid neben mir und floh zum Hause hinaus. 19 Als sein Herr die Geschichte hörte, die ihm seine Frau erzählte, indem sie sagte: «So und so hat dein Sklave an mir getan», ward er sehr zornig, 20 und er nahm Joseph und legte ihn in das Gefängnis, wo die Gefangenen des Königs in Gewahrsam lagen. Und er blieb daselbst im Gefängnis. 21 Der Herr aber war mit Joseph und machte ihn beliebt und erwarb ihm die Gunst des Aufsehers über das Gefängnis, 22 also dass ihm dieser alle Gefangenen im Gefängnis anvertraute; alles, was dort geschah, geschah durch ihn. 23 Der Aufseher über das Gefängnis kümmerte sich um nichts, was in seiner Hand lag, weil der Herr mit ihm war; und der Herr gab Glück zu allem, was er tat.

Joseph bei Pharao
1. Mose 41, 38-57

38 Und der Pharao sprach zu seinen Dienern: Könnten wir wohl einen Mann finden, in dem der Geist Gottes wäre wie in diesem? 39 Und zu Joseph sprach der Pharao: Nachdem dir Gott das alles kundgetan hat, ist niemand so verständig und weise wie du. 40 Du sollst

über mein Haus gesetzt sein, und deinem Worte soll mein ganzes Volk gehorchen; nur um den Thron will ich höher sein als du. 41 Dann sprach der Pharao zu Joseph: Siehe, ich setze dich hiermit über das ganze Land Ägypten. 42 Und der Pharao zog seinen Siegelring vom Finger und steckte ihn Joseph an die Hand, kleidete ihn in Gewänder von Byssus und hängte ihm die goldene Kette um den Hals. 43 Dann liess er ihn auf seinem zweiten Wagen fahren, und man rief vor ihm her: Abrek![1] So setzte er ihn über das ganze Land Ägypten. 44 Und der Pharao sprach zu Joseph: Ich bin der Pharao, und ohne deinen Willen soll niemand im ganzen Lande Ägypten die Hand oder den Fuss regen. 45 Und der Pharao nannte Joseph hinfort Zaphnath-Paneah und gab ihm Asnath, die Tochter Potipheras, des Priesters von On, zum Weibe. So gebot Joseph über das Land Ägypten. 46 Joseph war dreissig Jahre alt, als er vor den Pharao, den König von Ägypten, trat. Und Joseph zog vom Pharao hinweg und fuhr durch das ganze Land Ägypten. 47 Das Land aber trug in den sieben Jahren der Fülle Korn im Überfluss. 48 Da sammelte er alles Getreide der sieben Jahre, in denen Überfluss herrschte im Lande Ägypten, und schaffte das

---

[1] 41,43. Das heisst vielleicht: Auf die Kniee!

Getreide in die Städte; in eine jede Stadt tat er das Getreide von den Feldern rings um sie her. 49 So speicherte Joseph das Korn auf, über die Massen viel, wie Sand am Meer, sodass er davon abstand, es zu messen; denn es war unermesslich viel. 50 Und Joseph wurden zwei Söhne geboren, ehe das Hungerjahr kam; die gebar ihm Asnath, die Tochter Potipheras, des Priesters von On. 51 Und Joseph nannte den Erstgeborenen Manasse; denn [sprach er] Gott hat mich all meine Mühsal und meines Vaters ganzes Haus vergessen lassen. 52 Den zweiten nannte er Ephraim; denn [sprach er] Gott hat mich fruchtbar gemacht im Lande meines Elends. 53 Als die sieben Jahre der Fülle im Lande Ägypten um waren, 54 begannen die sieben Hungerjahre, wie Joseph gesagt hatte, und es kam eine Hungersnot über alle Länder; im ganzen Lande Ägypten jedoch war Brot. 55 Als aber ganz Ägypten Hunger litt, schrie das Volk zum Pharao um Brot. Da sprach der Pharao zu allen Ägyptern: Geht zu Joseph; was der euch sagt, das tut. 56 Die Hungersnot aber herrschte auf der ganzen Erde. Nun öffnete Joseph alle Kornspeicher und verkaufte den Ägyptern Getreide. Und die Hungersnot wurde drückend im Lande Ägypten. 57 Und alle Welt kam zu Joseph nach Ägypten, um Korn zu kaufen; denn die Hungersnot war drückend in aller Welt.

Erste Reise der Brüder nach Ägypten
1. Mose 42

1 Als aber Jakob sah, dass in Ägypten Korn feil war, sprach er zu seinen Söhnen: Was schaut ihr einander an? 2 Ich höre doch, sprach er, dass in Ägypten Korn feil ist. Zieht hinab und kauft uns dort Getreide, dass wir zu leben haben und nicht sterben. 3 Da zogen die Brüder Josephs, ihrer zehn Mann, hinab, um in Ägypten Korn zu kaufen. 4 Aber Benjamin, den Bruder Josephs, liess Jakob nicht mit seinen Brüdern ziehen; denn er dachte, es könnte ihm ein Unfall zustossen. 5 So kamen unter den Leuten, die hinzogen, auch die Söhne Israels, um Korn zu kaufen; denn es herrschte Hungersnot im Lande Kanaan. 6 Nun war Joseph der Regent im Lande; er war es, der allem Volk im Lande Korn verkaufte. Als aber die Brüder Josephs zu ihm kamen, warfen sie sich vor ihm zur Erde nieder. 7 Sobald Joseph seine Brüder sah, erkannte er sie; aber er stellte sich fremd gegen sie und redete hart mit ihnen und fragte sie: Wo kommt ihr her? Sie sprachen: Aus dem Lande Kanaan, um Speise zu kaufen. 8 Während aber Joseph seine Brüder erkannte, erkannten sie ihn nicht. 9 Da gedachte Joseph der Träume, die er von ihnen geträumt hatte. Und er sprach zu ihnen: Ihr seid Kundschafter!

Die Blösse des Landes zu erspähen, seid ihr gekommen. 10 Sie erwiderten ihm: Nicht doch, Herr! Deine Knechte sind gekommen, Speise zu kaufen. 11 Wir sind alle eines Mannes Söhne; wir sind ehrliche Leute, deine Knechte sind keine Kundschafter. 12 Aber er sprach zu ihnen: Nichts da! ihr seid gekommen, die Blösse des Landes zu erspähen. 13 Sie antworteten: Wir, deine Knechte, waren unser zwölf. Wir sind Brüder, Söhne eines Mannes im Lande Kanaan. Der jüngste ist jetzt noch bei unserm Vater, und einer ist nicht mehr da. 14 Joseph aber sprach zu ihnen: Es ist so, wie ich euch gesagt habe: Kundschafter seid ihr! 15 Daran will ich euch erproben: So wahr der Pharao lebt, ihr sollt nicht von hinnen ziehen, es komme denn euer jüngster Bruder her. 16 Sendet einen von euch hin, dass er euren Bruder hole; ihr aber bleibt gefangen. So will ich eure Rede prüfen, ob ihr mit der Wahrheit umgeht; wo nicht, so seid ihr Kundschafter, so wahr der Pharao lebt. 17 Und er tat sie alle zusammen in Gewahrsam, drei Tage lang. 18 Am dritten Tage aber sprach Joseph zu ihnen: Wollt ihr am Leben bleiben, so tut dies, denn ich bin gottesfürchtig: 19 Seid ihr ehrliche Leute, so lasst einen von euch Brüdern hier im Gefängnis gebunden liegen, ihr aber zieht hin und nehmt genug Getreide heim, den Hunger eurer Familien zu stillen. 20 Dann bringt euren jüngsten Bruder zu mir, dass eure Worte sich als wahr erweisen und ihr nicht sterben müsset. 21 Da sprachen sie untereinander: Wahrlich, das haben wir an unserm Bruder verschuldet; denn wir sahen die Not seiner Seele, als er uns anfiehte, aber wir hörten nicht auf ihn. Darum kommt nun diese Not über uns. 22 Ruben antwortete ihnen: Habe ich euch nicht gesagt: «Versündigt euch nicht an dem Knaben!» Doch ihr wolltet nicht hören; und nun, seht ihr, wird sein Blut gefordert. 23 Sie wussten aber nicht, dass Joseph sie verstand; denn er redete durch einen Dolmetscher mit ihnen. 24 Nun ging er von ihnen hinweg und weinte. Dann kehrte er zu ihnen zurück und redete mit ihnen; und er nahm den Simeon von ihnen weg und liess ihn vor ihren Augen binden. 25 Darnach befahl er, dass man ihre Säcke mit Korn fülle und einem jeden das Geld wieder in seinen Sack lege und dass man ihnen Zehrung auf den Weg mitgebe. Das tat man ihnen. 26 Sie aber luden ihr Korn auf ihre Esel und zogen von dannen. 27 Als nun einer in der Herberge seinen Sack auftat, um seinem Esel Futter zu geben, sah er sein Geld oben im Sacke liegen. 28 Da sprach er zu seinen Brüdern: Mein Geld ist wieder da; hier in meinem Sacke ist es. Da entfiel ihnen der Mut, und sie sahen einander erschrocken an und sprachen: Was hat uns Gott da angetan! 29 Als sie nun heim zu ihrem Vater Jakob ins Land Kanaan kamen, erzählten sie ihm alles, was ihnen begegnet war, und sprachen: 30 Der Mann, der Herr im Lande ist, hat mit uns hart geredet und uns ins Gefängnis gelegt, als wären wir Kundschafter. 31 Da sprachen wir zu ihm: «Wir sind ehrliche Leute, wir sind keine Kundschafter. 32 Wir sind unser zwölf Brüder, Söhne unsres Vaters; einer ist nicht mehr da, und der jüngste ist jetzt noch bei unserm Vater im Lande Kanaan.» 33 Nun sprach der Mann, der Herr des Landes, zu uns: «Daran will ich erkennen, dass ihr ehrliche Leute seid: lasst einen von euch Brüdern bei mir und nehmt genug Getreide mit, den Hunger eurer Familien zu stillen. 34 Bringt mir aber euren jüngsten Bruder her, damit ich erkenne, dass ihr keine Kundschafter, sondern ehrliche Leute seid; dann will ich euch euren Bruder wieder geben, und ihr rnögt frei im Lande umherziehen.» 35 Und als sie die Säcke leerten, siehe, da fand ein jeder den Beutel mit seinem Geld in seinem Sacke. Als sie aber, sie und ihr Vater, die Beutel mit dem Gelde sahen, fürchteten sie sich. 36 Da sprach ihr Vater Jakob zu ihnen: Mich beraubt ihr der Kinder. Joseph ist nicht mehr, Simeon ist nicht mehr, und Benjamin wollt ihr auch wegnehmen; über mich kommt dieses alles. 37 Da erwiderte Ruben seinem Vater: Meine beiden

Söhne magst du töten, wenn ich ihn dir nicht wieder bringe. Überlass ihn mir; ich bringe ihn dir wieder. 38 Aber er sprach: Mein Sohn soll nicht mit euch hinabziehen; denn sein Bruder ist tot, und er ist allein noch übrig. Wenn ihm ein Unfall zustiesse auf dem Wege, den ihr zieht, so würdet ihr meine grauen Haare mit Kummer ins Totenreich hinunterbringen.

Zweite Reise der Brüder nach Ägypten
1. Mose 43

1 Die Hungersnot aber lastete schwer auf dem Lande. 2 Als sie nun das Korn, das sie aus Ägypten gebracht, aufgegessen hatten, sprach ihr Vater zu ihnen: Zieht wieder hin und kauft uns ein wenig Speise. 3 Da erwiderte ihm Juda: Der Mann hat uns nachdrücklich eingeschärft: «Ihr dürft mir nicht mehr unter die Augen treten, wenn euer jüngster Bruder nicht bei euch ist.» 4 Willst du also unsern Bruder mit uns gehen lassen, so wollen wir hinabziehen und dir zu essen kaufen. 5 Willst du ihn aber nicht mitgehen lassen, so ziehen wir nicht hinab; denn der Mann hat zu uns gesagt: «Ihr dürft mir nicht mehr unter die Augen treten, wenn euer Bruder nicht bei euch ist.» 6 Israel sprach: Warum habt

ihr mir das zuleide getan und dem Mann gesagt, dass ihr noch einen Bruder habt? 7 Sie antworteten: Der Mann hat so genau nach uns und unserer Verwandtschaft geforscht und uns gefragt: «Lebt euer Vater noch? Habt ihr noch einen Bruder?» Da sagten wir es ihm, wie die Dinge stehen. Konnten wir denn wissen, dass er sagen würde: «Bringt euren Bruder her!» 8 Dann sprach Juda zu seinem Vater Israel: Gib mir den Knaben mit, so wollen wir uns aufmachen und hinziehen, damit wir zu leben haben und nicht sterben, wir und du und unsere Kindlein. 9 Ich will Bürge für ihn sein, von meiner Hand sollst du ihn fordern; wenn ich ihn dir nicht wieder bringe und vor Augen stelle, so will ich vor dir mein Leben lang die Schuld tragen. 10 Fürwahr, wenn wir nicht gezögert hätten, so wären wir jetzt schon zweimal wieder zurück. 11 Da sprach ihr Vater Israel zu ihnen: Muss es denn sein, so tut dies: nehmt von den besten Früchten des Landes in eure Säcke und bringt es dem Manne als Geschenk, ein wenig Balsam und ein wenig Honig, Gummi und Harz und Pistaziennüsse und Mandeln. 12 Und nehmt den doppelten Betrag an Geld mit euch: das Geld, das wieder oben in eure Säcke gelegt worden ist, müsst ihr auch mit zurücknehmen; vielleicht ist da ein Irrtum geschehen. 13 Dazu nehmt euren Bruder, macht euch auf und geht wieder zu dem Manne.

14 Der allmächtige Gott lasse euch Barmherzigkeit finden vor dem Manne, dass er euren andern Bruder mit euch ziehen lasse und den Benjamin! Ich aber, wie ich nun einmal verwaist bin, so bin ich, ach, verwaist! 15 Da nahmen die Männer das Geschenk, auch den doppelten Betrag an Geld nahmen sie mit sich, dazu Benjamin, machten sich auf, zogen hinab nach Ägypten und traten vor Joseph. 16 Als Joseph den Benjamin bei ihnen sah, sprach er zu seinem Hausverwalter: Führe diese Männer ins Haus hinein, schlachte und richte zu, denn sie sollen mit mir zu Mittag essen. 17 Der Mann tat, wie Joseph befohlen hatte, und führte die Männer in Josephs Haus. 18 Sie aber fürchteten sich, weil sie in Josephs Haus geführt wurden, und sprachen: Wir werden hier hereingeführt um des Geldes willen, welches das erste Mal wieder in unsre Säcke gekommen ist: man will auf uns eindringen und über uns herfallen und uns zu Sklaven machen und uns die Esel wegnehmen. 19 Darum traten sie zu dem Manne, der über Josephs Haus gesetzt war, und redeten mit ihm an der Pforte 20 und sprachen: Lieber Herr, wir sind schon einmal herabgekommen, um Speise zu kaufen. 21 Als wir nun in die Herberge kamen und unsre Säcke aufmachten, siehe, da lag eines jeden Geld oben in seinem Sacke, unser Geld nach seinem vollen Gewichte;

das haben wir nun wieder mitgebracht. 22 Wir haben aber auch noch andres Geld bei uns, um Speise zu kaufen. Wir wissen nicht, wer unser Geld in unsre Säcke gelegt hat. 23 Er aber sprach: Seid getrost, fürchtet euch nicht! Euer Gott und eures Vaters Gott hat euch einen Schatz in die Säcke getan; euer Geld ist mir zugekommen. Und er brachte den Simeon zu ihnen heraus. 24 Dann führte er die Männer in Josephs Haus, reichte ihnen Wasser, ihre Füsse zu waschen, und gab ihren Eseln Futter. 25 Sie aber machten das Geschenk bereit, bis Joseph am Mittag käme; denn sie hatten gehört, dass sie dort essen sollten. 26 Als Joseph nun nach Hause kam, brachten sie ihm das Geschenk, das sie bei sich hatten, hinein und warfen sich vor ihm zur Erde nieder. 27 Er aber begrüsste sie und sprach: Geht es eurem alten Vater wohl, von dem ihr erzählt habt? Ist er noch am Leben? 28 Sie antworteten: Es geht deinem Knechte, unserm Vater, wohl; er ist noch am Leben. Und sie verneigten sich und warfen sich nieder. 29 Und als er seine Augen erhob und seinen Bruder Benjamm, den Sohn seiner Mutter, sah, sprach er: Ist das euer jüngster Bruder, von dem ihr mir erzählt habt? Darnach sprach er: Gott sei dir gnädig, mein Sohn! 30 Dann aber ging Joseph schnell in seine Kammer – denn sein Herz war tief bewegt beim Anblick seines Bruders, und das

Weinen kam ihn an –, und er weinte daselbst. 31 Und als er sein Angesicht gewaschen hatte, kam er wieder heraus und nahm sich zusammen und sprach: Tragt das Essen auf! 32 Und man trug ihm besonders auf und ihnen besonders, und ebenso den Ägyptern, die mit ihm assen. Denn die Ägypter dürfen nicht mit den Hebräern essen; das ist den Ägyptern ein Greuel. 33 Man setzte sie aber ihm gegenüber, vom Erstgebornen bis zum Jüngsten, genau nach dem Alter; darob sahen sich die Männer verwundert an. 34 Und er liess ihnen Gerichte auftragen von seinem Tische; dem Benjamin aber wurde fünfmal mehr aufgetragen als den andern. Und sie tranken mit ihm und wurden guter Dinge.

Der Silberbecher
1. Mose 44

1 Dann gebot Joseph seinem Hausverwalter: Fülle den Männern die Säcke mit Getreide, so viel sie mitführen können, und lege einem jeden sein Geld oben in den Sack. 2 Meinen silbernen Becher aber lege oben in des Jüngsten Sack samt dem Geld für das Korn. Und er tat, wie ihm Joseph gesagt hatte. 3 Am Morgen, als es Tag ward, liess man die Männer mit den Eseln ziehen.

4 Kaum aber waren sie zur Stadt hinaus und noch nicht weit gekommen, da sprach Joseph zu seinem Hausverwalter: Auf, jage den Männern nach, und wenn du sie eingeholt hast, so sprich zu ihnen: Warum habt ihr Gutes mit Bösem vergolten und meinen silbernen Becher gestohlen? 5 Ist das nicht der, aus dem mein Herr trinkt und aus dem er weissagt? Daran habt ihr übelgetan. 6 Als er sie nun eingeholt hatte, redete er solche Worte mit ihnen. 7 Sie antworteten: Warum redet mein Herr solche Worte? Ferne sei es von deinen Knechten, solches zu tun! 8 Das Geld, das wir oben in unsern Säcken gefunden, haben wir dir doch aus dem Lande Kanaan zurückgebracht; wie sollten wir da aus dem Hause deines Herrn Silber oder Gold stehlen? 9 Der unter deinen Knechten, bei dem es gefunden wird, der sei des Todes; wir aber wollen überdies meines Herrn Knechte sein. 10 Er sprach zu ihnen: Ja, es sei, wie ihr gesagt habt: der, bei dem es gefunden wird, der soll mein Knecht sein; ihr aber geht frei aus. 11 Und eilends liess ein jeder seinen Sack auf die Erde herab und machte ihn auf. 12 Er aber suchte nach: beim Ältesten fing er an, und beim Jüngsten hörte er auf; und der Becher fand sich in Benjamins Sack. 13 Da zerrissen sie ihre Kleider, luden die Säcke wieder auf die Esel und kehrten in die Stadt zurück. 14 Und Juda trat mit seinen

Brüdern in das Haus Josephs, der noch da war, und sie warfen sich vor ihm zur Erde. 15 Da sprach Joseph zu ihnen: Was ist das für eine Tat, die ihr begangen habt! Wusstet ihr nicht, dass ein Mann wie ich es gewiss erkunden würde? 16 Juda antwortete: Was sollen wir meinem Herrn sagen? wie sollen wir reden und womit uns rechtfertigen? Gott hat die Schuld deiner Knechte an den Tag gebracht. Siehe, wir sind meines Herrn Knechte, wir sowohl als der, bei dem sich der Becher gefunden hat. 17 Er aber sprach: Das sei ferne von mir, solches zu tun! Nur der, bei dem sich der Becher gefunden hat, soll mein Knecht sein; ihr aber mögt in Frieden hinauf zu eurem Vater ziehen! 18 Da trat Juda zu ihm heran und sprach: Mit Verlaub, Herr, lass doch deinen Knecht ein Wort reden vor deinen Ohren, und dein Zorn entbrenne nicht über deinen Knecht; denn du bist wie der Pharao. 19 Mein Herr hat seine Knechte gefragt: Habt ihr noch einen Vater oder einen Bruder? 20 Da antworteten wir meinem Herrn: Wir haben noch unsern alten Vater und einen Knaben, der ihm im Alter geboren wurde; sein Bruder ist tot, und so ist er allein von seiner Mutter übrig geblieben, und der Vater hat ihn lieb. 21 Da sprachst du zu deinen Knechten: Bringt ihn herab zu mir, dass ich ihn zu Gesicht bekomme. 22 Wir aber antworteten meinem Herrn: Der Knabe kann seinen Vater nicht verlassen; wenn er seinen Vater verliesse, so würde dieser sterben. 23 Da sprachst du zu deinen Knechten: Wenn euer jüngster Bruder nicht mit euch herabkommt, so dürft ihr mir nicht mehr unter die Augen treten. 24 Als wir nun zu deinem Knechte, meinem Vater, hinaufkamen, taten wir ihm die Worte meines Herrn kund. 25 Darnach sprach unser Vater: Zieht wieder hin und kauft uns ein wenig Speise. 26 Wir aber sprachen: Wir können nicht hinabziehen; nur wenn unser jüngster Bruder bei uns ist, ziehen wir hinab. Denn wir dürfen dem Manne nicht unter die Augen treten, wenn unser jüngster Bruder nicht bei uns ist. 27 Da sprach dein Knecht, mein Vater, zu uns: Ihr wisst ja selbst, dass mir mein Weib nur zwei Söhne geboren hat. 28 Der eine ist von mir gegangen, sodass ich mir sagen musste: «Er ist gewiss zerrissen worden», und ich habe ihn bis heute nicht wieder gesehen. 29 Nehmt ihr nun diesen auch von mir, und es stösst ihm ein Unfall zu, so bringt ihr meine grauen Haare mit Jammer ins Totenreich hinunter. 30 Und nun, wenn ich zu deinem Knechte, meinem Vater, heimkäme und der Knabe wäre nicht bei uns, an dem er doch mit ganzer Seele hängt, 31 so stirbt er, wenn er sieht, dass der Knabe nicht mehr bei uns ist. So würden deine Knechte die grauen Haare deines Knechtes, unsres Vaters, mit Kummer ins Totenreich hinunterbringen. 32 Denn dein Knecht ist für den Knaben Bürge geworden bei meinem Vater und hat gesprochen: «Wenn ich ihn dir nicht wiederbringe, so will ich mein Leben lang die Schuld tragen vor meinem Vater.» 33 Darum erlaube jetzt, dass dein Knecht an des Knaben Statt hier bleibe als Sklave meines Herrn; der Knabe aber möge mit seinen Brüdern hinaufziehen. 34 Denn wie könnte ich zu meinem Vater hinaufziehen, wenn der Knabe nicht bei mir wäre? Ich möchte den Jammer nicht mit ansehen, der über meinen Vater kommen würde.

Joseph gibt sich seinen Brüdern zu erkennen
1. Mose 45

1 Da konnte sich Joseph nicht mehr länger halten vor allen, die um ihn her standen, und er rief: Lasst jedermann von mir hinausgehen! So war niemand sonst bei Joseph, als er sich seinen Brüdern zu erkennen gab. 2 Und er weinte laut, dass es die Ägypter hörten und man im Haus des Pharao davon vernahm. 3 Und Joseph sprach zu seinen Brüdern: Ich bin Joseph; lebt mein Vater noch? Aber seine Brüder konnten ihm nicht antworten, so erschraken sie vor ihm. 4 Dann sprach Joseph

zu seinen Brüdern: Tretet doch zu mir heran! Und sie
traten herzu. Da sprach er: Ich bin Joseph, euer Bruder,
den ihr nach Ägypten verkauft habt. 5 Doch nun grämt
euch nicht und lasst es euch nicht leid sein, dass ihr
mich hierher verkauft habt; denn um [viele] am Leben
zu erhalten, hat mich Gott vor euch her gesandt. 6 Zwei
Jahre ist ja nun schon die Hungersnot im Lande, und
noch fünf Jahre lang wird kein Pflügen und Ernten sein.
7 Darum hat mich Gott vor euch her gesandt, um euch
Nachkommenschaft zu sichern und von euch viele zu
retten und am Leben zu erhalten. 8 So habt nicht ihr
mich hierher gesandt, sondern Gott; er hat mich dem
Pharao zum Vater gesetzt und zum Herrn über sein
ganzes Haus und zum Herrscher über das ganze Land
Ägypten. 9 Nun eilt und zieht hinauf zu meinem Vater
und sagt ihm: Das lässt dir dein Sohn Joseph sagen:
«Gott hat mich zum Herrn über ganz Ägypten gemacht.
Komm herab zu mir und säume nicht! 10 Du sollst im
Lande Gosen wohnen und nahe bei mir sein, du und
deine Kinder und deine Kindeskinder samt deinen
Schafen und Rindern und allem, was dein ist. 11 Ich
will daselbst für dich sorgen – denn noch fünf Jahre
dauert die Hungersnot –, dass du nicht in Armut ge-
rätst, du und dein Haus samt allem, was dein ist.» 12 Ihr
seht es ja mit eigenen Augen, und auch mein Bruder

Benjamin sieht, dass ich selbst es bin, der mit euch redet. 13 Erzählt denn meinem Vater von all meinen Ehren in Ägypten und von alledem, was ihr gesehen habt. Dann kommt eilends mit meinem Vater hierher. 14 Und nun fiel er seinem Bruder Benjamin um den Hals und weinte; und auch Benjamin weinte an seinem Halse. 15 Und er küsste alle seine Brüder und weinte, indem er sie umarmte. Darnach redeten seine Brüder mit ihm. 16 Die Kunde davon kam auch in das Haus des Pharao; es hiess: Josephs Bruder sind gekommen. Das gefiel dem Pharao und seinen Dienern wohl. 17 Und der Pharao gab Joseph Weisung, zu seinen Brüdern zu sagen: Tut also: beladet eure Tiere und zieht heim ins Land Kanaan. 18 Dann nehmt euren Vater und eure Familien und kommt zu mir; ich will euch das Beste geben, was das Land Ägypten bietet, dass ihr das Fett des Landes essen sollt. 19 Auch liess er ihnen sagen: Tut also: nehmt euch aus Ägypten Wagen für eure Kinder und Frauen und bringt euren Vater hierher. 20 Und lasst euch euren Hausrat nicht reuen; denn das Beste, was das ganze Land Ägypten bietet, soll euer sein. 21 Die Söhne Israels taten so, und Joseph gab ihnen Wagen nach dem Befehl des Pharao; auch gab er ihnen Zehrung auf den Weg, 22 und einem jeden schenkte er ein Feierkleid, dem Benjamin aber schenkte er dreihundert

Lot Silber und fünf Feierkleider. 23 Ebenso sandte er seinem Vater zehn Esel, mit Gut aus Ägypten beladen, und zehn Eselinnen mit Korn, Brot und [andrer] Speise für seinen Vater auf den Weg. 24 Damit entliess er seine Brüder, und sie zogen fort; und er sprach zu ihnen: Ereifert euch nicht unterwegs! 25 So zogen sie aus Ägypten hinauf und kamen zu ihrem Vater Jakob ins Land Kanaan. 26 Und sie erstatteten ihm Bericht und sprachen: Joseph ist noch am Leben; ja, er ist Herr über das ganze Land Ägypten. Aber sein Herz blieb kalt; denn er glaubte ihnen nicht. 27 Da erzählten sie ihm alles, was Joseph zu ihnen geredet hatte. Und als er die Wagen sah, die Joseph gesandt hatte, um ihn hinzuführen, da lebte ihr Vater Jakob wieder auf. 28 Und Israel sprach: Genug! Mein Sohn Joseph lebt noch! Ich will hin und ihn sehen, ehe ich sterbe.

Jakobs Übersiedlung nach Ägypten
1. Mose 46

1 Und Israel brach auf mit allem, was er hatte, und als er nach Beerseba kam, brachte er dem Gott seines Vaters Isaak Opfer dar. 2 Da redete Gott in einer nächtlichen Erscheinung mit Israel und sprach: Jakob! Jakob!

Er antwortete: Hier bin ich. 3 Und er sprach: Ich bin Gott, der Gott deines Vaters. Fürchte dich nicht, nach Ägypten hinabzuziehen; denn ich will dich dort zu einem grossen Volke machen. 4 Ich selber ziehe mit dir hinab nach Ägypten, und ich werde dich auch wieder heraufführen, und Joseph soll dir die Augen zudrücken. 5 Da machte sich Jakob auf von Beerseba; und die Söhne Israels hoben ihren Vater Jakob, ihre Kinder und Frauen auf die Wagen, die der Pharao gesandt hatte, um ihn hinzuführen. 6 Und sie nahmen ihre Herden und ihre Habe, die sie im Lande Kanaan erworben hatten, und kamen so nach Ägypten, Jakob und sein ganzes Geschlecht mit ihm: 7 seine Söhne und seine Enkel, seine Töchter und seine Enkelinnen und sein ganzes Geschlecht brachte er mit sich nach Ägypten. 8 Dies sind die Namen der Söhne Israels, die nach Ägypten kamen: Jakob und seine Söhne. Ruben, Jakobs Erstgeborner. 9 Die Söhne Rubens: Henoch, Pallu, Hezron und Charmi. 10 Die Söhne Simeons: Jemuel, Jamin, Ohad, Jachin, Zohar und Saul, der Sohn der Kanaaniterin. 11 Die Söhne Levis: Gerson, Kahath und Meran. 12 Die Söhne Judas: Er, Onan, Sela, Perez und Serah. Aber Er und Onan starben im Lande Kanaan. Die Söhne des Perez waren Hezron und Hamul. 13 Die Söhne Issaschars: Thola, Puwa, Jasub und Simron. 14 Die Söhne

Sebulons: Sered, Elon und Jahleel. 15 Das sind die Söhne Leas, die sie dem Jakob in Mesopotamien gebar,
samt seiner Tochter Dina. Die machen zusammen, Söhne und Töchter, 33 Seelen aus. 16 Die Söhne Gads: Ze-
phon, Haggi, Suni, Ezbon, Eri, Arodi und Areli. 17 Die
Söhne Assers: Jimna, Jiswa, Jiswi und Beria, und ihre
Schwester Serah. Die Söhne Berias: Heber und Malchiel.
18 Das sind die Söhne der Silpa, die Laban seiner Tochter Lea gab; diese gebar sie dem Jakob, sechzehn Seelen. 19 Die Söhne Rahels, des Weibes Jakobs: Joseph
und Benjamin. 20 Dem Joseph wurden im Lande Ägypten Manasse und Ephraim geboren, die ihm Asnath
gebar, die Tochter Potipheras, des Priesters von On.
21 Die Söhne Benjamins: Bela, Becher, Asbel, Gera,
Naeman, Ahiram, Supham, Hupham und Ard. 22 Das
sind die Söhne Rahels, die sie dem Jakob gebar, zusammen vierzehn Seelen. 23 Die Söhne Dans: Husim.
24 Die Söhne Naphthalis: Jahzeel, Guni, Jezer und Sillem.
25 Das sind die Söhne der Bilha, die Laban seiner Tochter Rahel gab; diese gebar sie dem Jakob, zusammen
sieben Seelen. 26 Alle Seelen aus dem Geschlechte Jakobs, die nach Ägypten kamen, alle seine Nachkom-
men, nicht gerechnet die Frauen der Söhne Jakobs, waren zusammen 66 Seelen. 27 Und die Söhne Josephs,
die ihm in Ägypten geboren wurden, waren zwei See-

len. Alle Seelen des Hauses Jakobs, die nach Ägypten kamen, waren siebzig. 28 Den Juda aber sandte er vor sich her zu Joseph, damit dieser vor seiner Ankunft nach Gosen Weisung gebe. Als sie nun ins Land Gosen kamen, 29 liess Joseph seinen Wagen anspannen und zog nach Gosen, seinem Vater Israel entgegen; und als er ihn sah, fiel er ihm um den Hals und weinte lange an seinem Halse. 30 Dann sprach Israel zu Joseph: Jetzt will ich gerne sterben, nachdem ich dein Angesicht geschaut und gesehen habe, dass du noch am Leben bist. 31 Joseph aber sprach zu seinen Brüdern und zu seines Vaters Hause: Ich will hingehen und es dem Pharao melden und zu ihm sprechen: «Meine Brüder und meines Vaters Haus, die im Lande Kanaan waren, sind zu mir gekommen. 32 Die Männer sind Schafhirten – denn sie waren Viehzüchter –, und ihre Schafe und Rinder und alles, was sie besitzen, haben sie mitgebracht.» 33 Wenn euch nun der Pharao rufen lässt und fragt: «Was ist euer Gewerbe?» 34 so sagt: «Deine Knechte sind Viehzüchter gewesen von Jugend an bis jetzt, wir wie unsre Väter», damit ihr im Lande Gosen wohnen dürft. – Alle Schafhirten sind nämlich den Ägyptern ein Gräuel.

Die Brüder und Jakob vor dem Pharao
1. Mose 47, 1-12

1 So ging denn Joseph hinein und meldete es dem Pharao und sprach: Mein Vater und meine Brüder sind mit ihren Schafen und Rindern und ihrer ganzen Habe aus dem Lande Kanaan gekommen, und nun sind sie im Lande Gosen. 2 Aus der Zahl seiner Brüder aber hatte er fünf mit sich genommen; die stellte er dem Pharao vor. 3 Da sprach der Pharao zu seinen Brüdern: Was ist euer Gewerbe? Sie antworteten dem Pharao: Deine Knechte sind Schafhirten, wir wie unsre Väter. 4 Dann sagten sie zum Pharao: Wir sind gekommen, als Fremdlinge im Lande zu wohnen; denn deine Knechte haben keine Weide für ihre Schafe, so schwer ist die Hungersnot im Lande Kanaan. So lass doch nun deine Knechte im Lande Gosen bleiben. 5 Da sprach der Pharao zu Joseph: Dein Vater und deine Brüder sind also zu dir gekommen. 6 Das Land Ägypten steht dir offen. Lass deinen Vater und deine Brüder im besten Teil des Landes wohnen; sie mögen im Lande Gosen bleiben. Und wenn du weisst, dass tüchtige Leute unter ihnen sind, so setze sie zu Aufsehern über meine eignen Herden. 7 Joseph brachte auch seinen Vater Jakob hinein und stellte ihn dem Pharao vor, und Jakob ent-

bot dem Pharao den Segensgruss. 8 Und der Pharao fragte Jakob: Wie alt bist du? 9 Jakob antwortete dem Pharao: Die ganze Zeit meiner Pilgerschaft ist 130 Jahre. Kurz und voll Leid war die Zeit meiner Lebensjahre, und sie reicht nicht an die Zeit der Lebensjahre, die meinen Vätern in den Tagen ihrer Pilgerschaft beschieden war. 10 Dann nahm Jakob mit Segenswunsch Abschied vom Pharao und ging von ihm hinaus. 11 Joseph aber verschaffte seinem Vater und seinen Brüdern Wohnsitze und gab ihnen eigenen Besitz im Lande Ägypten, im besten Teil des Landes, im Gebiet von Ramses, wie der Pharao geboten hatte. 12 Und Joseph versorgte seinen Vater und seine Brüder und das ganze Haus seines Vaters mit Speise nach der Zahl der Kinder.

Joseph greift nach den Hüften von Vater Jakob
1. Mose 47, 27-31

27 Also blieb Israel im Lande Ägypten, im Lande Gosen; und sie setzten sich darin fest und mehrten sich und wurden sehr zahlreich. 28 Und Jakob lebte noch siebzehn Jahre im Lande Ägypten, sodass die Zahl der Lebensjahre Jakobs 147 betrug. 29 Als nun die Zeit kam, dass Israel sterben sollte, liess er seinen Sohn Joseph

rufen und sprach zu ihm: Willst du mir einen Gefallen tun, so lege deine Hand unter meine Hüfte und erweise mir die Liebe und Treue, dass du mich nicht in Ägypten begräbst: 30 sondern wenn ich mich nun zu meinen Vätern lege, so bringe mich aus Ägypten hinweg und begrabe mich in ihrer Grabstätte. Er sprach: Ich will tun, wie du gesagt hast. 31 Er aber sprach: So schwöre mir! Und er schwur ihm. Da verneigte sich Israel zu Häupten des Bettes.

Jakobs Tod und Begräbnis
1. Mose 49,29-33 und 50,1-14

Und er segnete sie; einen jeden segnete er mit einem besonderen Segen. 29 Und er gab ihnen Weisung und sprach zu ihnen: Wenn ich nun versammelt werde zu meinen Stammesgenossen, so begrabt mich bei meinen Vätern in der Höhle auf dem Grundstück des Hethiters Ephron, 30 in der Höhle auf dem Grundstück Machpela, gegenüber Mamre, im Lande Kanaan, dem Grundstück, das Abraham von dem Hethiter Ephron als Grabstätte zu eigen erworben hat. 31 Dort haben sie Abraham und sein Weib Sara begraben, dort haben sie Isaak und sein Weib Rebekka begraben, und dort habe ich Lea begraben, 32 auf dem Grundstück mit der Höhle darauf, das den Hethitern abgekauft wurde. 33 Als nun Jakob seinen Söhnen alle diese Weisungen gegeben hatte, zog er seine Füsse auf das Bett zurück, verschied und ward versammelt zu seinen Stammesgenossen.

Kapitel 15,1 Da warf sich Joseph über seinen Vater und weinte über ihm und küsste ihn. 2 Dann befahl Joseph seinen Dienern, den Ärzten, seinen Vater einzubalsamieren; und die Ärzte balsamierten Israel ein. 3 Darüber vergingen volle vierzig Tage; denn so lange währt das Einbalsamieren. Und die Ägypter beweinten ihn siebzig Tage lang. 4 Als nun die Trauerzeit vorbei war, sprach Joseph zum Hof des Pharao: Wollt ihr mir einen Gefallen tun, so redet für mich vor dem Pharao und sagt zu ihm: 5 Mein Vater hat einen Eid von mir genommen und gesagt: «Wenn ich nun sterbe, so begrabe mich in meiner Gruft, die ich mir im Lande Kanaan gegraben habe.» So will ich denn hinaufziehen und meinen Vater begraben und dann zurückkommen. 6 Der Pharao sprach: So ziehe hinauf und begrabe deinen Vater, wie er dich hat schwören lassen. 7 Da zog Joseph hinauf, seinen Vater zu begraben, und es zogen mit ihm alle Diener des Pharao, die Ältesten seines Hauses und alle Ältesten des Landes Ägypt, 8 dazu das ganze Haus

Josephs, seine Brüder und seines Vaters Haus; nur ihre
kleinen Kinder und ihre Rinder und Schafe liessen sie
im Lande Gosen. 9 Auch Wagen und Reiter zogen mit
ihm hinauf, und es war ein sehr grosser Heerzug. 10 Als
sie nun nach Goren-Atad [d. i. die Dornentenne] kamen,
das jenseits des Jordan liegt, hielten sie daselbst eine
gar grosse und feierliche Totenklage, und er veranstaltete eine Trauerfeier für seinen Vater, sieben Tage lang.
11 Und als die Leute im Lande, die Kanaaniter, die Trauerfeier in Goren-Atad sahen, sprachen sie: Da halten
die Ägypter eine grosse Trauerfeier. Daher nennt man
den Ort Abel-Mizraim [d. i. Trauer der Ägypter]; das liegt
jenseits des Jordan. 12 Und seine Söhne taten mit ihm
so, wie er ihnen befohlen hatte: 13 sie brachten ihn in
das Land Kanaan und begruben ihn gegenüber Mamre in der Höhle auf dem Grundstück Machpela, das
Abraham von dem Hethiter Ephron als Grabstätte zu
eigen erworben hatte. 14 Nachdem so Joseph seinen
Vater begraben hatte, kehrte er nach Ägypten zurück, er
und seine Brüder und alle, die mit ihm hinaufgezogen
waren, seinen Vater zu begraben.

VATER

GERI KELLER

Dieses Buch eröffnet einen überwältigenden Blick in das Herz Gottes. Dabei gibt uns Geri Keller Anteil an einer umfassende Sicht der Liebe dieses Vaters: voller Barmherzigkeit und Klarheit, voller Annahme und Herausforderung, voller Zartheit und Strenge, voller Leidenschaft, Gottes Kinder zu mündigen Söhnen und Töchtern heranzuziehen. Gleichzeitig ist dieses Buch eine Antwort auf die Ratlosigkeit unserer „vaterlosen Gesellschaft". Es gibt uns auch eine Vision dafür, einer ganzen entwurzelten Generation den Weg zum himmlischen Vaterhaus zu zeigen.

Dieses Buch ist auch in englischer
und französischer Sprache erhältlich.

120.017

ANNA BEIM KÖNIG DES HIMMELS

DANIELA BÄR

„Bitte, Gott, zeig mir den Himmel", sagt Anna leise, und dann öffnet sich die Tür nach oben. Anna entdeckt den Himmel und nimmt den Leser gleich mit. In spannenden Begegnungen lernt sie immer mehr den „König des Himmels" kennen – in seiner Herrlichkeit und Kraft, sowie in seiner Liebe und seinem Herz für die Verlorenen. Die sehr eindrücklichen Illustrationen der Autorin nehmen den Leser mit hinein in das dramatische Geschehen. Ein Bilderbuch für alle, die auch das himmlische Königreich und seine Geheimnisse entdecken möchten.

Gebunden, mit farbigen Bildern
für Kinder ab 5 Jahren und Erwachsene

120.052

PROPHETISCHE BOTSCHAFTEN
AUS DER OFFENBARUNG DES JOHANNES

GERI KELLER

In diesem Buch bekommen wir, ausgehend von der Offenbarung des Johannes, eine geistliche Schau in den Thronsaal Gottes hinein und von dort hinab in die Kämpfe dieser Welt sowie unseres Lebens. Fest gegründet in Gottes Wort, spricht Geri Keller in unsere Zeit hinein: prophetisch, seelsorgerlich, missionarisch, politisch. Angesichts der kommenden Umwälzungen in unseren Völkern und Nationen werden wir zugleich aufgerufen und ermutigt, unseren Platz im Siegeszug des Lammes einzunehmen und IHM nachzufolgen.

120.030

EIN NEUES HERZ – EIN KINDERHERZ

WERNER TANNER

„In jedem Menschen schlummert der Wunsch nach einem leichten, unbeschwerten Herzen – einem Kinderherzen", so beginnt Werner Tanner dieses Buch. Darin lädt er den Leser zu dem vielleicht wichtigsten Weg seines Lebens ein: *den Weg zu einem neuen Herzen*. Es ist der Weg aus seelischen Verkrustungen, Verletzungen und Gefangenschaften nach Hause, zum himmlischen Vater; ein Weg der wunderbaren „Herzverpflanzung" durch Jesu Erlösung am Kreuz; ein Weg in eine neue Identität als Söhne und Töchter Gottes; ein Weg hinein in die wunderbaren Pläne Gottes mit uns.

120.048

ZU BEZIEHEN IM SCHLEIFE VERLAG
PFLANZSCHULSTRASSE 17 ■ POSTFACH 85 ■ CH-8411 WINTERTHUR ■ SCHWEIZ
TEL.: ++41 (0)52 232 24 24 ■ FAX.: ++41 (0)52 233 60 82
E-MAIL: VERLAG@SCHLEIFE.CH ■ WWW.SCHLEIFE.CH